**OSCAR
BESTSELLERS**

Di Luciana Littizzetto negli Oscar

La Bella Addormentata in quel posto
Col cavolo
I dolori del giovane Walter
L'incredibile Urka
La Jolanda furiosa
Madama Sbatterflay
La principessa sul pisello
Rivergination
Sola come un gambo di sedano

LUCIANA LITTIZZETTO

L'INCREDIBILE URKA

© 2014 Arnoldo Mondadori Editore S.p.A., Milano
© 2015 Mondadori Libri S.p.A., Milano

I edizione B.U.M. novembre 2014
I edizione NumeriPrimi° novembre 2015
I edizione Oscar Bestsellers novembre 2017

ISBN 978-88-04-68547-0

Questo volume è stato stampato
presso ELCOGRAF S.p.A.
Stabilimento - Cles (TN)
Stampato in Italia. Printed in Italy

Anno 2017 - Ristampa 1 2 3 4 5 6 7

librimondadori.it
anobii.com

Indice

11 Giorgione ha detto "sì"
13 La T-shirt di Emanuele Filiberto
15 Capezzoli a mandorla
17 Il caffè col retto
20 Il ragno Pisaura
22 Belen ha detto basta al Belin
24 Balla coi tonni
27 Pomp
29 Gli uomini sono come i cachi
32 Gregg e Jenny
34 Malditestissima
36 "Bergoglio ti voglio"
40 Il suicidio dell'aragosta
43 L'intestino di cartapesta
45 Le multe agli arcobaleni
47 Face slapping
49 Le chiappe liofilizzate
53 "Ma che sciarpa figa!"
55 Un ministero del buon senso
59 Tir plus un pluc de gnoc che due Renault
63 Madame Pascàl e i fagiolini

66	Il separatette
68	Il restauro del walter
70	Chanel e frollini
73	I baffi di astrakan
75	Il silenziatore di puzzette
77	Jingle balls
79	Tracce di Ikea nel DNA
82	Frankienergy... forever
87	Il piumino d'Oki
89	Du' is mej che uan
91	Michelle Obama piastrata
94	S.O.S. Tata
96	Jasmine Tretette
98	Popò Chanel
100	Il pane tre stelle Michelin
102	Lo slalom della Torino-Milano
104	Averla piccola
106	*No Woman No Cry*
109	Golden Pill
112	Barakkone
116	Il bruco fumatore
118	Le mutande wireless
120	La Venere di panna cotta
123	Il Nobel a Putin
125	Il preservativo bio
128	Nella buona e nella cattiva sorte
130	*La grande bellezza*
133	Un chupito di tette
135	Conchita Wurst
137	Fonzie e Napisan
140	Lo strano caso dei pizzaioli scomparsi
142	Fish pedicure

144　Doppio walter
147　Macio macio man
149　Pirla a prescindere
151　Stendra
153　Castoreum
155　Colon, stazione di Colon
158　Un gancio per guance
161　Electric Eel
163　Favorisca il parfum... d'identité
165　Gabriel Cargo
167　La cresta di Balo
169　Gli storni di Roma
173　Ciupa sopra la media mondiale
175　Elogio del bidè
178　Dal ginecologo con le autoreggenti
180　La pizza con gli smeraldi
182　Le lenzuola di Lady Gaga
184　Il bradipo tridattilo
186　Le donne vescovo
188　Beckham e Ibra: due cuori e una capanna
190　Una puzzetta vi salverà
193　L.A.C.: limonare al chiuso
195　La Formula Uno ecologica
198　Dottor Meloy

L'incredibile Urka

Alle persone piene di sé preferisco
le persone piene di se.

SNOOPY

Giorgione ha detto "sì"

Ho dei nervi, ma dei nervi. Si è sposato George. Il mio Giorgione. Clooney. Ha impalmato una bella avvocatessa. Niente più Martini, niente più party. E dire che quando l'anno scorso è venuto a "Che tempo che fa" l'ho folgorato. L'aveva detto anche a me: "Sposiamoci a Venezia"... solo che io ho dovuto dire di no perché patisco la gondola.

E adesso sono tutti lì che trigano e brigano perché vogliono fare le cose in gran segreto, nascosti. Non vogliono i paparazzi. Scusami eh, ma se vuoi le nozze segrete vieni a Venezia? Minchia, ma vai a sposarti in Nepal allora. O in Tibet. Guarda, vai anche solo a Porto Marghera che già ti trovi meglio. Sei George Clooney, non Pino Testasecca. Hai invitato tutta Hollywood, vuoi che nessuno ficchi il naso?

Tra l'altro, combinazione, si è sposata pure la Canalis. La sua ex. Lei invece ha sposato un medico americano, un certo Brian Perri... che non so se sia un tarocco. Tipo che l'originale è Brian Ferry, e lei s'è presa la copia dai cinesi. Comunque, tra gli invitati al matrimonio nella cattedrale di Alghero c'era anche Belen, con il suo Belin naturalmente, che ha scatenato il solito parapiglia. Sapete che dove c'è Barilla c'è casa e dove c'è Belen c'è casino. Bene, anche stavolta è andata così. Perché non aveva esattamente il vestito per andare a messa. Sembrava pronta per ballare la pachanga a "Ballando con le stelle". Aveva addosso solo un po' di tulle bluette. Praticamente era confezionata come i confetti. Non era un vedo-e-non-vedo. Era più un minchia-quanto-vedo! E che cosa? Le due belle, toniche colline del Chianti che ha davanti. Che tra l'altro non è proprio la prima volta che le vediamo... Ma le tette di Belen sono come le puntate della "Signora in giallo": anche in replica, le guardi sempre volentieri.

La mia è invidia. Pura invidia. Il mio sogno sarebbe stato avere due tette come quelle di Belen e la propensione a metterle sotto il naso di tutti a ogni occasione, e purtroppo non ho avuto nessuna di queste due splendide fortune. Comunque pare che Ely si sia un po' incazzata. Perché doveva essere lei al centro dello sbavamento collettivo, e invece ci si è messa quell'altra. Ho capito, Betta. Però se inviti Belen al tuo matrimonio, un po' te lo devi aspettare... è come se Raoul Bova invitasse a una sua festa Berlu: è chiaro che, alla fine, ne rimorchierebbe più lui...

Abbi pazienza, Elisabetta santissima. Lo sanno anche le quattordicenni che quando sei col tuo uomo devi invitare solo amiche rospe! Dài. Ciospe supreme. A Belen dovevi pagare un viaggio a Nairobi nella stagione delle piogge, non farla venire al matrimonio. Lo sai che per Belen il seno è come gli ottanta euro per Renzi: è un biglietto da visita. Potevi invitare me, Canna... io le tengo sottovetro come due pesche sciroppate. Ecco, invitavi me e la Binetti e stavi da papa.

La T-shirt di Emanuele Filiberto

Una novità entusiasmante: Emanuele Filiberto, l'uomo che avrebbe ereditato il trono d'Italia se un referendum non lo avesse fermato, ha lanciato sul mercato una nuova linea di T-shirt. Menomale, perché ne sentivamo la mancanza. È proprio un capo che manca in giro. Però questa T-shirt ha una particolarità geniale. È fatta di cashmere... cioè lana caldissima e costosissima.

La domanda è: "Che senso ha una T-shirt di cashmere?". Giustificazione di Fily: "Eh, ma non ci ha mai pensato nessuno". E infatti. Chiediti come mai! Ti credo, ti suda il carapace. Perché non fai anche un bel berretto di ferro? Anche a quello non ci ha mai pensato nessuno... Un impermeabilino di carta igienica e delle mutande di carta vetrata, così quando vai in bicicletta ti limano il cardellino? Ma come si fa a fare una T-shirt di cashmere? Neanche Bertinotti la metterebbe. La T-shirt è una cosa fresca, che si porta d'estate... farla in cashmere è un controsenso, come fare una sottoveste di vigogna, o dei bermuda di fustagno. Ma hai idea dell'ecosistema che si crea lì sotto? La temperatura degli allevamenti di pulcini... Se ti metti un seme di girasole nell'ombelico germoglia.

Perché Filiberto non si rassegna a essere un miliardario normale che non fa una mazza come tutti gli altri? Fily? Non cercare per forza di dare un senso alla tua vita, lascia che sia lei a dare un senso a te. Io pensavo che dopo aver cantato con Pupo fosse arrivato al capolinea. Invece no. Ha detto che a lui è sembrata una buona idea. Pensa quella brutta. Quella che ha scartato. Lo smoking in vetroresina? Il bikini in pile? Dice che è la maglietta dei suoi sogni. Pensa quella dei suoi incubi. Sarà fatta di pasta d'acciughe...

Ma cosa mangia la sera Emanuele Filiberto? Comunque, se guardi bene, la percentuale è il 15 per cento cashmere e l'85 per cento cotone. Che è ancora peggio. Almeno falla tutta di lana, che così la metti d'inverno. O tutta di cotone, che la metti d'estate. Così è fuori clima sempre. Ma adesso vanno di moda gli abiti incongruenti. Tipo gli stivali estivi. Quest'estate era pieno di ragazze con il toppettino e gli stivali. Che ti si marinano le dita dei piedi. Metti gli stivali il 15 di luglio e la sera quando te li togli hai dentro gli alligatori della Florida.

E la maglia dolcevita senza maniche? Ma perché? Il dolcevita lo metti d'inverno. E allora perché senza maniche? Chi lo mette? Giusto la Venere di Milo, o quelli che lavano i piatti nei ristoranti. E i maglioni corti, con tutta la pancia scoperta, che dopo due minuti devi farti una media di Imodium?

A proposito di abiti, hanno ideato una nuova Barbie. Sai che la Barbie è da sempre multitasking... c'è la Barbie Maestra, la Barbie Infermiera, la Barbie Architetta. Bene. Adesso hanno scagliato sul mercato la Barbie Madonna. Ma non Madonna Ciccone. Proprio Madonna Madonna santissima, con tanto di velo azzurro. L'unica Barbie vergine tra l'altro. E sono partite le trombe del Giudizio. Ma è giusto. Scusa, un po' di rispetto... al massimo fai Barbie Madonna con il reggiseno a imbuto, quella scosciatona che monta sul toro meccanico, non quella appena ascesa al cielo.

E hanno fatto anche Ken. Che tu dici: no, non è possibile che abbiano fatto il Ken come... Invece sì. È possibile. Il Ken Gesù Cristo. Col costato insanguinato. E a Big Jim cosa faranno fare? Giuda o Barabba?

Capezzoli a mandorla

Notizia carioca, notizia tapioca, notizia porca l'oca. *Peperepé*... Senti come parto cantando, mi galvanizza poter narrare di quanto la gente sia cretina, mi inorgoglisce tutte le volte. Notizia che riguarda voi uomini, voi maschi dalle froge frementi e dai neuroni dementi. Voi fette di manzo tagliate da mano sbagliata. Voi oblunghi portatori di ciondolino triste. Voi maschi, che se foste evitabili sareste transennati, messi in bacheca come arte povera.

Allora. Spostiamoci in Inghilterra stavolta. Ai maschi inglesi è partita la scheggia di farsi rifare. E cosa, mi chiederete voi? La pancia? I maniglioni antipanico dell'amore? Le orecchie che da sempre gli inglesi hanno spesse come racchette da tennis? I nasi gonfi come melanzane mature? No, cari miei. Una parte del corpo che mai mi sarei aspettata: i capezzoli. E non soltanto li vogliono nuovi di pacca, belli lindi e spelati, ma tali e quali, precisi a quelli di David Beckham. Dimmi te.

Scusate l'impertinenza: voi, ragazze, avete mai notato i capezzoli di Beckham? Io no. E voglio dire... non è che non lo guardo. Minchia, quando c'erano i suoi manifesti in mutande all'aeroporto rischiavo tutte le volte di perdere il volo, ma guardavo altro, non i capezzoli. Guardavo in mezzo. E non in mezzo ai capezzoli, lo sterno... Beckham è figo e su questo non ci piove, è un tronco di pino che passeresti la vita a contargli i pinoli, ma siete veramente sicuri, uomini inglesi, che a noi donne del David interessano tantissimo i capezzoli?

Invece niente. I lord e i mister ne vanno pazzi, perché pare siano veramente perfetti. E com'è un capezzolo perfetto di maschio? Ve lo dico io. È piccolo, a mandorla, scuro ma non troppo, come gli occhi di un coreano. Avete presente le cimici, quelle verdi che puzzano e che in autunno si scuriscono? Ecco, così. Marron. Due fragoline di bosco. Due capocchie di fiammifero grosse.

Comunque la cosa pazzesca è che i maschi, questo intervento estetico, che tra l'altro costa la bellezza di 2.500 euro, non lo fanno per piacere di più alle donne. Non sia mai. Pare che lo chiedano soprattutto i culturisti, che in palestra si confrontano i capezzoli uno con l'altro sbavando dall'invidia se uno li ha più fighi. Cioè capite? Una volta gli uomini nella doccia invidiavano il pisello del vicino, che era sempre più verde, si misuravano il walter col righello; ora invidiano quei due inutili puntolini in cima al torace. Che nessuno se li fila, a meno che non abbiano dei piercing orripilanti. E invece loro spendono 2.500 euro, stanno quarantacinque minuti sotto i ferri e fanno quattordici giorni di convalescenza per averli come David.

E poi? Se di faccia sei uguale a Gollum del *Signore degli Anelli*, ti aiuta avere i capezzoli come Beckham? Se hai le spalle del tordo e la pancia del merlo, sei sicuro che due capezzoli nuovi ti evitino di somigliare lo stesso a una pera Williams? Comunque ormai mi è entrato il tarlo, e voglio far levare la maglietta a tutti i miei amici e controllare. Come li ha il vostro boy? A lenticchia di Castelluccio di Norcia? Spessi e tondi? O a punta di asparago, coi pettorali tipo pantofole DeFonseca... oppure a lisca di pesce? A pomello della porta? A ciliegia sotto spirito?

Se non li ha a mandorla, lasciatelo.

Il caffè col retto

Quando Mina cantava *Ma che bontà* non stava assaporando un Kopi Luwak. Un nuovo tipo di caffè. Il caffè... defecato. Vi spiego. In Indonesia c'è una bestiolina, il Luwak appunto, che è uno zibetto delle palme, molto ghiotto di fave del caffè. Ne mangia un casino, e infatti lo riconosci facilmente perché è l'animale più nervoso di tutta la foresta, uno Sgarbi a pelo lungo, diciamo. Questa bestiola non mastica i chicchi: li inghiotte e digerisce solo la buccia, quella che ha il gusto amaro, poi espelle il resto, il cuore della fava, la parte più dolce. E quando dico "espelle" ci siamo capiti.

E allora cosa è venuto in mente? Di recuperare la cacca del Luwak, scaccarla, e fare il caffè con questa parte pregiatona. D'altronde, perché accontentarsi di un normale caffè quando puoi berne uno che è stato scodellato da uno zibetto? Se poi riuscissero a produrre anche un tè verde cinese pisciato dai panda, sarebbe il massimo. Ma io dico: a quale essere fulminato nel cranio, a quale demente totale è venuto in mente di assaggiare il caffè fatto dalla cacca di un Luwak? Perché mica sarà andato a colpo sicuro... ne avrà assaggiati prima altri: del maiale, del koala, dell'elefante, che viene in tazza grossa, tipo il doppio americano.

Per carità, per giudicare bisognerebbe assaggiarlo; solo che se poi non ti piace e dici: "Che caffè di m...", capace che lo prendano per un complimento. Senza contare la triste fine che hanno fatto i poveri zibetti.

Dicono che l'aroma sia persistente in bocca. Non stento a crederlo. Il brutto è che è carissimo, costa quindici euro a tazzina... e adesso, con la crisi che c'è, non è che se lo possano permettere tutti... Ma ce ne faremo presto una ragione: d'altronde a noi la cacca la fanno mandar giù a cucchiaini, ne conosciamo vagamente il sapore. Ora anche le grandi marche italiane si attrezzeranno? La Nescafè, per dire, farà la linea Nescaghè e la Lavazza farà la Scagazza? E nei bar, al posto dei tovagliolini, metteranno direttamente il rotolo di carta igienica?

Comunque. Percorso inverso a quello dei poveri zibetti, invece, per Demi Moore. La Demetria, perché Demi di vero nome fa Demetria, ha trovato un nuovo modo di combattere le rughe e rimanere giovane. Lei ha sempre avuto un po' questa fissa: Faust in confronto era uno che invecchiava serenamente... Crudelia Demì già qualche anno fa andava in Austria in un centro specializzato a farsi fare i salassi. Si faceva fare i succhiotti nell'ombelico dalle sanguisughe. Se le avessero detto che per restare giovane era fondamentale farsi tirare le noci di cocco sul muso dai macachi o rotolarsi sul ghiaccio insieme alle foche, lei lo avrebbe fatto, ma tutto questo è niente in confronto a quello che sto per dirvi.

Demi ha trovato la soluzione definitiva: si fa i clisteri. Di cosa? Di caffè. O yesss. Si spara delle cuccume intere nel cü. Dice che fa bene, leviga la pelle e spiana le rughe. Pare che il caffè, se bevuto, renda nervosi, ma se tirato su per la via secondaria mantenga giovani. Non ci è dato sapere cosa provochi all'intestino. No, perché magari in faccia sei anche liscia come un campo da curling, rosea come il porco nato settimino, ma hai l'interno che è come quello di una moka. Odori di torrefazione. Fuori sei serafica, ma dentro i villi sono nervosi come un portiere prima del rigore.

Insomma. Demi invece di prendere il caffè corretto, si prende un caffè col retto. Chissà se glielo fa direttamente il barista: "Franco? Un caffè... lo prendo dall'entrata di servizio...". Se dici "un caffè in tazza grande", è facile che pensino alla tazza del water.

Che poi io dico: ma come ti viene in mente? Quale maionese impazzita abita nel tuo cervello? Cioè, la mattina ti guardi allo specchio, vedi che hai le zampe di gallina e dici: "Sai che c'è? Quasi quasi mi sparo un po' di caffè nel gnau"? Ma due dita di crema no? È troppo banale? Allora fatti anche una flebo di trippa. Prova. Magari funziona. Un aerosol di costine di maiale. Non capisco perché proprio il caffè. Poteva farsi anche un clistere di Fanta. Spararsi da dietro un litro di Sprite. Magari è meglio il caffè perché è più comodo: in viaggio ti infili due Pocket Coffee e sei bell'e che a posto.

E poi scusa Demi, sarai anche forever young, ma così passi la vita al gabinetto! "Che faccia luminosa che hai, Demi..." "Eh certo, ho passato due ore sul cesso... ho l'ano tachicardico, oggi mi sa che ne ho presi troppi."

No, ma metti che vogliamo intraprendere anche noi l'entusiasmante avventura del caffè anale. Secondo voi Demi usa il caffè americano? Almeno è un clistere che merita... Se ti fai un ristretto manco te ne accorgi. Magari è un Nespresso alla George Clooney: tu metti solo la cialda come una supposta e via.

Il ragno Pisaura

C'è un ragno che si chiama Pisaura e di cognome fa Mirabilis. Questo insetto raffinato porta i regali alle sue fidanzate. E perché secondo voi? Per gli stessi identici motivi per cui li porta un maschio umano. Per avere della jolanda. Infatti le femmine di pisauro, le pisaure, sono più disponibili a fare del ciupa con maschi che si presentano con un regalo, piuttosto che con quelli che si presentano a zampe vuote. E in che cosa consiste il regalo? Ovviamente non in un anello di diamanti, perché per le ragne ce ne vorrebbero minimo otto, ma di solito in una preda avvolta in un bozzolo di seta. Una bella mosca grassa, per esempio, o una mezza porzione di tafano verde della cacca coi suoi riflessi screziati, o che ne so... mezzo cosciotto di Mantide religiosa. Ai ragni piace tanto anche il culo d'ape condito col miele, o una zanzara tigre in due giri di bava, quando proprio vogliono stare leggeri.

Devo dire che anche tra noi umani ce n'era uno che alle femmine, per propiziare l'accoppiamento, regalava delle farfalline... in quel caso erano d'argento e non le avvolgeva nel bozzolo ma in settemila euro... Comunque, cosa succede invece nel mondo dei ragni? Mentre la femmina ragna scarta il regalo, dietro, nelle retrovie, il ragno si dà da fare. Mentre lei mangia lui inizia a montarla... pensa che mostro. Non aspetta neanche che abbia finito! È come se un uomo portasse una ragazza in pizzeria e mentre lei sta per addentare la prima fetta... *trac!* la obliterasse. Ma ti pare? Almeno falla arrivare al dolce! Attenzione: quanto più è grande il regalo, tanto più dura il rapporto... La cosa pazzesca è che, se il maschio conclude il ciupa e il trasferimento del seme prima che la femmina abbia finito di mangiare, cerca pure di riprendersi il regalo per portarlo a un'altra! E lei lo mena. Lo gonfia ben bene di botte, e i ragni avendo otto zampe possono menare in modo sinfonico.

Però, come capita tra gli uomini, ogni tanto qualcuno fa il furbo. Siccome il Pisauro sa che se arriva a zampe vuote non ce n'è, la femmina chiude la gelateria, allora cosa fa, il ragno merda? Le porta un pacco tutto ben confezionato ma vuoto. Tipo che avvolge due fili d'erba in una foglia secca! Praticamente le tira il pacco per sistemare il suo, di pacco. E mentre lei scarta il regalo lui approfitta. E cerca anche di fare in fretta prima che lei se ne accorga. Ciupa veloce. Dicendole nell'orecchio: "Amore... non badare al regalo... è il pensiero, che conta...".

Tra l'altro per i ragni è più complicato che per noi. Perché le femmine hanno due jolande. Due cavità genitali, mentre il maschio non ha due minchie, quindi è un lavoro che spezza le zampe. Roba che dura minimo due ore. I ragni una sveltina non sanno cosa sia. Comunque, se dopo aver scartato il pacco la femmina scopre l'inganno, si accorge che non c'è trippa per ragni, gli fa *toh!* con tutte e otto le zampe e se ne va. Perché anche la Pisaura è ben truzza. "Uomini e donne" in confronto è una passeggiata di salute... E non basta. A volte quella truzza della Pisaura, prima ancora che lui inizi l'ardimento, prova a scappare col regalo, senza farsi ciupare, nella speranza di mangiarsi tre o quattro pacchi dono prima di cedere definitivamente. E allora il Pisauro, che scemo non è, cosa fa? Tiene legato il suo regalo con un filo di seta, una specie di guinzaglio, tipo antifurto, così la frega.

Proprio una relazione d'amore basata sulla fiducia reciproca. Che meraviglia. La dimostrazione che gli animali a volte sono più stronzi di noi.

Belen ha detto basta al Belin

Avete seguito il dramma nazionale di Stefano De Martino? Il marito di Belen un po' di tempo fa ha dichiarato: "Sono settimane che non faccio più l'amore con Belen". *Tatatatannn...* la luna nera. Belen ha detto basta al suo Belin. La bella Belen ha tirato giù la serranda. Chiuso il ponte levatoio. Serrato i boccaporti.

Cataclisma. Lui ha detto che all'inizio della relazione ciupavano di brutto. Anche sedici, diciassette volte alla settimana. Poi sempre meno, sempre meno, e adesso rien. Rien ne va plus. Spiace. Certo che essere sposati con Belen e non farlo mai è come avere una Ferrari in garage. Se ci pensi però Belen avrà fatto magazzino. No, dico, con sedici, diciassette volte alla settimana per un paio d'anni hai messo in dispensa. Ora vivi di rendita.

Perché fare l'amore vive anche di ricordi. Di come è stato bello, di come è stato così così, o di quando hai suonato il campanello del paradiso... Se invece lo fai sedici, diciassette volte la settimana per due anni, scusa Martino, ma cosa minchia vuoi ricordare? Ne finisci una che tocca già buttare di nuovo il cuore oltre l'ostacolo... sono quasi tre al giorno... è un secondo lavoro. Pranzo e cena. Come prendere l'antibiotico. Metti che un giorno devi lavorare dal mattino alla sera e resti indietro di due, il giorno dopo te ne toccano cinque.

Facendolo tante volte così te ne ricordi qualcuna giusto se hai la memoria di Pico della Mirandola... magari Belen sta ancora ripensando alla sesta volta della terza settimana o alla quinta volta del quarto mese. Senza contare che anche la cosa più bella che c'è, fatta ottanta volte al mese ti nausea. Penso alla bagna cauda. Diciassette volte la settimana? Le acciughe non le vuoi più vedere neanche nei filmati subacquei. Qualsiasi cosa stufa dopo un po'! Anche l'arcobaleno. È bello una volta l'anno. Due, toh. Già alla terza spacca i maroni. Alla quarta ti metti gli occhiali da saldatore. E poi subentrerà anche un certo indolenzimento... non è fatta di cauccù quella roba lì, dalle tregua.

Tra il figlio e il lavoro, dice lui, lei arriva stanca e non ha voglia. Stefy? Guarda che non sei l'unico sulla faccia della Terra a vivere questa tragedia. È pieno così di donne che si fanno il mazzo dalla mattina alla sera e, quando arrivano a casa stanche, se gli fai vedere il walter ci appendono l'ombrello. Si appoggiano tipo maniglia per levarsi le scarpe coi tacchi. Conosco maschi che facendosi vedere in mutande un po' su di giri si sono sentiti dire dalla moglie: "Hanno l'elastico smollo, levati ste mutande che te le cucio...". Ma possibile che gli uomini, quando qualcosa non gli va bene, devono per forza caramellare i maroni a noi?

No, perché se a lavorare è un uomo, tutto bene. La moglie deve capire e, se lui sviene sul divano, lo deve portare a letto trascinandolo per i piedi. Se invece a lavorare è lei, quando torna a casa la sera, spappolata, con le scarpe piene di piedi e il trucco sbabbiato, deve fare lo stesso la danza dei sette veli come Salomè... le acrobazie come la protagonista di *Nymphomaniac* ma un po' più maiala... Allora, troviamo delle soluzioni. Cosa possiamo fare per te, Stefy? Guarda, se vuoi veniamo a dare il cambio a Belen: facciamo dei turni, se ti accontenti... quasi come un'assistenza a domicilio. Tre turni da otto ore. Altrimenti fai da solo e noi se mai ti battiamo le mani.

Balla coi tonni

Certo che sti attori americani son tutti qui in Italia a fare gli spot. Anche Kevin Costner. Hai visto che dopo *Balla coi lupi* adesso balla coi tonni? Qualche anno fa camminava in una Valleverde... oggi con l'età ha preferito mettere le gambe sotto il tavolo. Sì, perché ora fa la pubblicità del tonno. E lo spot è un capolavoro.

All'inizio si vedono tre belle baggiane già un filino frollate nella piazzetta di Amalfi che dicono: "Ah, hai sentito? Kevin Costner è venuto a stare nel faro... andiamo a dargli il benvenuto". Tutte e tre in fregola sparata. In picco ormonale. Raggiungono casa sua, gli suonano alla porta e lui apre con dei capelli che sembrano un banco di anemoni e lo stesso entusiasmo che metti quando ti citofonano quelli del Folletto. Stacco. Sono tutti e quattro a mangiare sul terrazzo di Kevin. E lui dice le seguenti parole. Alla domanda: "Come mai in Italia?" lui risponde: "Perché avete un grande tonno".

Ma si può??? Abbiamo anche altro, Kevin. Spiace dirtelo. Abbiamo, senti qua, Pompei, i Musei Vaticani, Santa Maria Novella e la Torre di Pisa. Tanto per dirne quattro a caso. Diciamo che il tonno è buono, ma non ci facciamo mancare anche dei discreti porcini, Kevin, la chianina si scioglie in bocca e la trippa va giù da dio. E poi manco fresco gli piace il tonno. In scatola! Oh, senti... lui si è trasferito in costiera amalfitana e vive dentro un faro perché gli piace il tonno. Bon. Cosa vuoi che ti dica? Se gli piacevano i cavolini andava a vivere a Bruxelles. Se gli piaceva la salama di stambecco, sul Gran Paradiso, e se gli piaceva il porceddu si trasferiva in un nuraghe nella Barbagia.

Poi una delle tre scoppiate dice: "Che tenero..." riferendosi a lui, e lui risponde: "Sì, si taglia con un grissino", rivolto al tonno. Ma la cosa che fa molto ridere è che Kevin è doppiato. Ma io dico, ti pagano? E minchia, impara ste due frasi. E studia ste due cazzate! Hai fatto dei monologhi ai lupi per dei quarti d'ora, perdi due secondi per un tonno! Devi poi dire "si taglia con un grissino", non è che ti tocca recitare Shakespeare...

No. Lo vedi proprio che Kevin aveva voglia di fare questa pubblicità come io ho voglia di dare delle ginocchiate nelle porte a vetri. Neanche il nome del tonno riesce a dire: se tu invece di ascoltare il doppiatore guardi il labiale, dice "Tonno Rio Mery". Così dice: "Rio Mery".

Ma scusa... Banderas lo dice bene: "Rosita, senti che buono sto tarallo...", non lo puoi dire anche tu? Non è che cadi dal pero. Ma perché dobbiamo continuare a chiamare attori stranieri? E Shakira che non fa la cacca, quell'altro, Clooney, che si fa rubare il caffè, questo che s'imbottisce di tonno. Ma prendiamo attori italiani, che almeno facciamo girare la nostra economia.

Comunque la cosa che fa più ridere di tutte è che sto faro in costiera amalfitana non esiste. Non c'è. L'hanno messo al computer. L'hanno montato al posto della torre saracena, ma non c'è mai stato. Capisci? Ma anche le tre badola dell'inizio... Se una dice: "Hai sentito che Kevin Costner è venuto ad abitare al faro?", un'altra dovrebbe rispondere: "Ma quale faro, ad Amalfi non c'è un faro... hai fumato le pinne di balena? Son passati quelli dell'amaro Montenegro e adesso sei ciucca?". Come se montassero un faro al posto della Mole o il campanile di Venezia sul Cervino. Non si capisce. Amalfi piace a tutti così com'è, tranne a quelli del tonno Rio Mery. A loro Amelfy senza faro faceva orrore.

Sono dei geni... come quelli che hanno inventato l'altra pubblicità che è un must per me. Quella della mia amica Simona. Delle scarpe Pittarosso. Io ormai sono dipendente. Lì si vede lei impossessata dal demonio, che tira delle botte tremende sul selciato con le scarpe, come dovesse fare la pubblicità di scarponi da cantiere. Pesta come per fare il vino ma con rabbia, circondata da un manipolo di disturbati mentali che sbattono i piedi come i Maori gridando: "Pittarosso scarpe a più non posso". Che come slogan è persino peggio del tonno che si taglia con un grissino.

Obiettivo dello spot è dire che Pittarello Rosso, la marca di scarpe, cambia nome e per motivi a noi ignoti diventa Pittarosso. Bene. Adesso che lo so sto meglio. Guarda, mi sento paga come l'asina in un battaglione di muli. Speriamo solo che non ci siano cambiamenti successivi. Metti che nella Pittarosso entri un socio che si chiama Sgommarello. Vediamo poi la Ventura picchiare i piedi sul pavè al grido: "Pit-ta-ros-so diventa Sgommarello".

Comunque, tornando allo spot. C'è lei che urla con dei tamburi del Bronx in sottofondo e macchie rosse che si spargono per la piazza come in un film horror. Che io la prima volta ho pensato fosse una nuova pubblicità hard della Lines... e invece no, lei dice: "Pittarosso, ve lo dice la Simona in rosso". Peccato che sia vestita di bianco. Ma Simo, sei diventata daltonica? Hai bisogno di aiuto? Diccelo, ti mandiamo Berlu. I servizi sociali glieli facciamo fare da te. Ci pensa lui a darti il brodino. Ti tiene tanta compagnia. Picchia anche lui i piedi per terra, tu dici Pit-ta-ros-so e lui Boc-cas-si-ni. Vedi poi come ti trovi bene.

Pomp

Allora. Noi tutti sappiamo che all'Ikea danno agli oggetti nomi un po' a cacchio. Nomi che magari in Svezia vogliono dire tantissimo, ma per noi sono solo un grumo di consonanti senza senso. Nomi assurdi. Secondo me all'Ikea hanno un gatto, e quando fanno un mobile nuovo lo prendono e lo buttano sulla tastiera del computer. Lui cammina, *ticche ticche*, e scrive dei nomi a caso... Zalapaun. Arafaifel. E via, loro i mobili li chiamano così. Se vogliono un nome ancora più strano, hanno anche un gatto senza una zampina che hanno raccattato dall'autostrada: lanciano lui e lui riesce addirittura a scrivere Zukjaviak. Gnficipiuk.

L'altro giorno mi sono imbattuta in un oggetto con un nome che invece il suo bel senso ce l'ha. È un semplice vaso di vetro, una piccola lanterna da metterci dentro la candela. Avete presente quelle che si mettono in terrazza d'estate? Costo 10 euro e 99, descritta così, attenzione: "Lanterna per cero, vetro trasparente. 28 cm. Soffiata a bocca: ogni lanterna è realizzata da un artigiano esperto".

Già questa specifica del "soffiata a bocca" mi ha messo in allerta. Sai quando si accende la luce lampeggiante nei film, *warning warning*? Che per dieci euro, anzi a lui meno, uno si metta lì e passi il tempo a soffiare a bocca lanterne ti sembra un po' fuori del tempo, come farsi la barba col rasoio di Figaro. Ma va bene, è un'antica tecnica, aggiunge pregio... Bene. Questo simpatico vasetto si chiama, tenetevi forte, Pomp.

Allora, signor Ikea, ci avete sempre fatto credere che i nomi dei vostri oggetti li date pescando a caso delle lettere nel sacchetto dello Scarabeo, ma qui non ci siamo. Se un vaso di ventotto centimetri soffiato a bocca da un artigiano, o forse artigiana, esperto/a, si chiama Pomp, l'intenzione c'è. Non negatelo. Non fate gli innocentini. No, è che non vorrei che, se la lampada soffiata a bocca la chiamano Pomp, la prossima fatta a mano la chiamino Pipp.

Ma io dico, un commesso, uno, che magari diceva: "Ma no, va', chiamiamola Lux o Lamp... non Pomp" non c'era? Tra l'altro la candela si chiama pure Fenomen...

Magari in originale il vaso si chiamava Jurk o Nikwst e lo stampatore del catalogo italiano non ha potuto resistere... oppure, ultima ipotesi, che ne so, il nuovo direttore dell'Ikea è Marina Lotar... che tra l'altro è svedese.

Allora. Io dico. Quando tu, grande azienda, conquisti un mercato straniero, ti devi informare di qual è il significato del nome dei tuoi prodotti nel Paese che vai a colonizzare. Se "tortellino" in coreano significa "merda secca", forse è meglio che Giovanni Rana cambi nome a quel tipo di pasta...

No, perché se l'Ikea prende la deriva dei doppi sensi, è la fine. Avremo presto il cuscino peloso chiamato Patonz? E il Merd, posacenere marrone a spirale? Io comunque, se la trovo, la sedia Cul la compro. Sicuro.

Gli uomini sono come i cachi

Ho la verve della Gioconda. Sono così stanca che ormai mi addormento mentre mangio la minestra e mi sveglio quando il cucchiaio batte sul piatto. Sono arrivata al punto di non ritorno: se suona il telefonino vado ad aprire alla porta, se suonano alla porta rispondo al telefonino... Ah che fatica. Sempre qui a scrivere boiate mentre le mie colleghe se la spassano: guarda come i Prati sono in fiore per Pamela.

Sì, perché la Pamela Prati a cinquantacinque anni suonati ha trovato un fidanzato di trentuno. Porca l'oca. È vero che Pamy c'ha un fisico che ad avercelo a venticinque devi già ringraziare l'elica del DNA tutte le mattine. Ha una coscia che è una flapà. La mia al confronto è lunga come un suo polpaccio. I suoi gambaletti a me fanno da autoreggenti. E anche Lory Del Santo sta con un pischello di ventidue. E ora sono pronti per andare a convivere. Pensa che la Lory ha detto che sta con lui perché la fa ridere. Certo, mica perché ha trentacinque anni in meno.

Ma allora, Lory, perché non provi a metterti con Pippo Franco, che fa ancora più ridere? Poi il bello è che dicono tutte: "Sì, però è molto maturo". Come no. Lo diceva anche Demi Moore del suo Ashton. O Madonna del suo Jesus. "Molto maturo." Posso dire? Gli uomini non sono mai maturi... Passano dall'essere acerbi all'essere marci. Sono come i cachi. Ieri era duro, oggi c'è già dentro un merlo che si è fatto il nido; un giorno sono Sassi di Matera, il giorno dopo delle marmellate che ti colano dal frigo. I maschi? A sessant'anni tirano ancora in dentro la pancia quando passa una ventenne. E poi ti dicono: "Hai visto che mi ha guardato?". Non ti ha guardato. Ti ha schivato! Che senza occhiali le stavi andando addosso, pirla! Dov'è che sono maturi? Che se fa freddo e si appannano i vetri, loro con la punta delle dita disegnano un walter; e a fine pranzo fanno le mollicchette di pane e poi tirano i rigori con gli indici.

Ferma al semaforo non fai che vedere maschi da uno a ottant'anni con le dita nel naso. Ma poi a me, dico la verità, farebbe impressione stare con uno che quando mi laureavo cominciava a frequentare l'asilo. Però chissà, magari hanno ragione loro. Quello che è sicuro è che Pamela e Lory si divertono. Meglio di certe ragazze che si mettono con uno che ha quarant'anni più di loro e devono controllare quanto paga al chilo i fagiolini. Lo so, lì è un investimento, come in banca, e in banca non ci vai per divertirti, però fra uno che ti fa ballare il merengue e uno che si fa misurare la pressione, quasi quasi...

Invece ad alcuni maschi piacciono le intellettuali. Un po' slavate. Quelle un po' fighette... tipo la Charlotte Gainsbourg, per intenderci. La protagonista del film di Lars von Trier che si intitola *Nynphomaniac* e non è la storia di una a cui piacciono le ninfee... Racconta le vicende di una ninfomane. Una jolanda sans frontières come i Giochi... Una che la dà via come i semi di lino alle cocorite. La dà in offerta speciale come al supermercato, con tanto di bollini. Al confronto, Sara Tommasi sembra Rosy Bindi e Lady Gaga la perpetua di Frankienergy...

Comunque il film dura quattro ore. La versione breve. La versione completa, cinque ore e mezza. In quella completa c'è anche, pare, una scena non di sesso. Pensate vedere gente che ciupa malamente per cinque ore... ti sfinisci anche solo a stare in poltrona. Alla fine pagheresti per vedere un documentario su madre Teresa di Calcutta, pur di avere un po' di tregua. Che poi ho letto che le jolande e i walter non sono degli attori. Sono in prestito d'uso. Dei genitali adottivi, diciamo... controfigure. Non si possono neanche chiamare comparse perché nel film appaiono e scompaiono, tra l'altro. Cioè: la jolanda di Charlotte è di un'altra. Bon. Charlotte e la Charlottina hanno lavorato separate. Succede già nelle pubblicità: ad esempio ci sono i manisti, quelli che mettono le mani. E così ci saranno i walteristi e le jolandiste... fanno anche un gesto generoso, sono dei donatori di organi, se vogliamo. Certo, ne donano solo uno, sempre lo stesso, ma non vuol dire...

Io invece una capatina sapete dove la farei? In Cile. Divento ciliaca, guarda. Vado a farmi visitare da Manuel Rico, il modello fico. Non so se avete sentito. Manuel è un venticinquenne spagnolo che ha fatto il modello per tanto tempo, poi si è stufato, si è trasferito in Cile, si è iscritto a medicina, si è laureato e si è pure specializzato. E ora cosa fa? Il ginecologo. Prima con le jolande si è divertito, adesso ci lavora. Ma sai che c'è la fila fuori? Code di chilometri. Donne che vanno con le scuse più urfide: "Manuel, guardi? Ma è normale che sia verticale?".

Lui è molto provato e dice che vuole essere lasciato in pace... Ma figlio mio, con quel fisico lì, se volevi essere lasciato in pace dovevi fare l'anestesista, così le narcotizzavi e non ti rompevano l'anima. Se no è come mettere il taleggio vicino ai topi. Pensate se Belen facesse l'urologo: non oso immaginare che sbottonar di patte, che improvvisa epidemia di prostata... Ci vorrebbe il numerino come in gastronomia. Lo studio a Milano e la fila che arriva al casello di Chivasso Centro. Certo, a ben guardare la foto mi sa che Manuel tanto etero non è. Ormai è quasi matematico: quando uno è molto figo, sicuro che è gay. Non mi stanco mai di dirlo. Vedi uno che sembra un orango, grosso e peloso: è etero. L'altro che invece è un incrocio fra un airone, Brad Pitt e Marlon Brando, se gli guardi bene i pantaloni vedi i segni del tanga.

Gregg e Jenny

Abbiate pazienza, non è colpa mia se di notizie pisquane ne arrivano a mazzi. Spostiamoci a Long Island, vicino a New York, e parliamo di Gregg e Jenny, una simpatica coppia di fidanzati che hanno fatto l'amore per la prima volta. Tutti e due vergini. Niente di strano fino a qua. Succede. Sempre meno, a dire la verità... i vergini sono come i tonni rossi, in via di estinzione. Comunque c'è sempre una prima volta. Ma qui nascono i problemi. Perché Gregg, Greggone, pesa la bellezza di duecento chili. E lei quarantanove.

E questo fagottone di carne, questa massa critica, questo Crosetto al quadrato, il giorno fatidico, preso dalla passione, ha fatto sesso spinto, ma così spinto che la povera Jenny ha sfondato la parete con la testa. Greggone l'ha piantata nel muro come una mensola, come un tassello da quaranta, senza usare il Black&Decker, e lei è finita con la testa a guardare la tv dei vicini. Unico caso al mondo in cui il mal di testa alla donna è venuto dopo...

Pensa i dirimpettai che erano seduti in soggiorno e all'improvviso si sono visti la testa di questa disgraziata sbucare dalla parete come il verme dalla pera: "Buonasera... disturbo? Lei lo vede Canale 5? Perché a me è andato via il segnale. Abbia pazienza, non so se la busta di 'C'è posta per te' il marito cornuto l'ha poi aperta o chiusa". Ma la cosa bella è che lui pensava di averla uccisa e lei invece, tirando fuori la testa dal muro, gli ha chiesto: "Perché ti fermi!?!". Giusto un filo masochista. C'è da dire che la parete era di cartongesso, perché se fosse stata di cemento armato la loro storia d'amore finiva lì. Che poi io non ho mai capito perché in America, dove hanno tutto enorme (macchinoni, cappelloni, stivaloni), poi fanno le case coi muri di cartongesso come i tre porcellini, che basta un rutto di passero a sfasciarle...

Comunque, diciamo che l'amore può sopportare molte differenze: d'età, di cultura, addirittura di religione... ma centocinquanta chili di differenza di peso, non ce la fa. In condizioni normali, per fare sesso con duecento chili di maschio devi partecipare a un'orgia... D'altronde dicono tutti che il sesso per le donne è più una questione di testa, e si vede che Gregg l'ha capito subito.

È proprio vero che quando c'è l'amore non esistono confini. Neanche quelli condominiali. Comunque io spero solo che sia stata una sveltina, lo dico per lei, perché la volta che Gregg ha del tempo da perdere la adopera per ampliare il soggiorno. Farsi un open space.

Fosse in Italia, Gregg prima di fare l'amore dovrebbe chiedere la DIA. Quella per le ristrutturazioni. "Buongiorno ingegnere... guardi, stasera io e la mia signora avremmo intenzione di fare un po' di sesso spinto, e prevediamo di aprire una finestra in corso Turati: quanto costa?"

Finisco dicendo solo: menomale. Menomale che facevano l'amore nella posizione classica del missionario. Pensa solo se lei stava sopra... Gregg la sparava come un razzo-missile e sfondavano il lucernario. Spero che adesso, prima di fare sesso, prendano le dovute precauzioni. Un casco da moto magari. Come Hollande.

Malditestissima

A proposito di mal di testa... È appurato, diamo tutti i numeri. Persino le case farmaceutiche. Avete visto in tv lo spot del Moment? Allora, ci sono due tipe garrulissime che si incontrano davanti a una farmacia, e una dice all'altra: "Ehi ciao, guarda cosa mi sono comprata???". E tu dall'entusiasmo ti aspetti che come minimo tiri fuori dalla borsetta una foto di una villa ai Caraibi. E invece fa: "La confezione di Moment Formato Famiglia!!!". E l'altra sgranando gli occhi: "Veramente??? Che figo! Corro a prenderla anch'io!". Entra in farmacia, esce col sorriso del gatto che ha trovato un tir carico di topi e fa: "Comprata! E ho preso anche la confezione da sei per il viaggio!".

Eh, che culo! Ma ti pare? Ma se fai andare dei magnum di Moment forse devi festeggiare un po' meno, amica mia, forse è il caso che tu ti faccia vedere da uno specialista bravo. Se vai avanti a botte di trentasei Moment, lascia stare la farmacia e chiama un esorcista. Invece loro no. Sono felici come se una avesse detto all'altra: "Pensa, Clara, al piano di sopra sono venuti ad abitare i California Dream Men!"; oppure: "Ieri ho alzato un sasso e sotto c'era un pozzo di petrolio, poi ho guardato il sasso ed era una pepita!". Tra l'altro, se sbarelli per una confezione di Moment formato famiglia, davanti a un secchio di gelato Häagen-Dazs che fai? Ti strappi le mutande a morsi e ti vengono gli occhi tutti da una parte come Peppa Pig?

Ma poi pensate sta famiglia: tutti malati! Lei col mal di testa, lui col mal di pancia, la figlia col ciclo, il nonno con la sciatica, il merlo col tiranervo: una clinica. Lo spot finisce con loro due pimpanti a braccetto, cariche di compresse, e la voce fuori campo che dice: "Il medicinale può avere effetti indesiderati anche gravi". E infatti. Come fai a sdare di contentezza per un analgesico? No, perché se parte sta moda qua è finita. Nel prossimo spot si incontreranno di nuovo e una dirà all'altra: "Sai, Clara, che mi son venute le emorroidi? Evviva! Finalmente posso comperarmi quella tanica di Preparazione H che mi piace tanto!". E l'altra: "Davvero??? Che fortuna. Adesso mi sfondo di 'duja e salampatata così me le faccio venire anch'io!".

Almeno le malattie e i relativi rimedi, possiamo non considerarle eccezionali opportunità di acquisto? No, perché io capisco ancora la confezione famiglia dei GranTurchese, della carta igienica, persino dei profilattici, che così ti viene l'idea che uno se la goda. Ma di Moment, porca l'oca! È che di fronte al formato famiglia noi italiani perdiamo la brocca. Ci accaparriamo qualsiasi cosa: canestri di mandarini, barili di cotton fioc, zampironi da disinfestare tutta l'Amazzonia. Se in farmacia vendessero un clistere da dodici litri ci compreremmo pure quello. A meno che non sia una tattica. Strategia tipica femminile. Le donne mettono sul comodino la confezione magnum di Moment per dire al marito: "Amore mio, stasera non ce n'è. Malditestissima".

"Bergoglio ti voglio"

Certo può succedere a tutti. Non è che ho compiuto gli anni e sono diventata decrepita di colpo. Mi sono solo distratta e ciao, sono caduta dalle scale del supermercato. Ma manco quelle mobili. No, quelle di pietra. Avete presente il papa, quello che adesso è di riserva, quando è volato nella navata? Uguale. Sono partita col vento in poppa e le gambe all'aria come Heather Parisi... per cui credo mi si sia vista la ragion di Stato. La isobara, come la vogliamo chiamare. E adesso sono diversamente soubrette. Mi sa che devo girare con la badante. Fortuna che sono caduta vicino al banco del pesce, così mi hanno messo subito il ghiaccio delle ostriche sul ginocchio. Fossi almeno caduta sui gnocchi che sono morbidi. Il bello è che la gente mi vedeva e pensava che scherzassi. Ridevano. "Allora? Cosa fai lì giù per terra?" Niente. Ho pensato di stendermi a pelle d'orso qui all'altezza delle tue caviglie, badola.

È il destino di chi fa il cretino in pubblico come me. Guarda, mi passasse vicino un intercity e mi portasse via un orecchio, di sicuro troverei uno che mi fa: "Miii Luciana, me lo rifai?". Menomale che almeno avevo fatto la ceretta. Pensa se fossi stata anche pelosa come una martora. Devo farmi benedire, magari direttamente dal papa. Frankienergy, il Maradona di Fatima col fisico di un rugbista. Spesso come il muro di un convento. Ha la faccia di uno che ha una ferramenta a Vanchiglia. Mi vedo già l'insegna: "Ferramenta Bergoglio". Se combinano un incontro con il diavolo lo butta giù al primo round. Li sistema tutti. Vi ricordate del vescovo tedesco? Don Franz-Peter Tebartz-van Elst, che non è un nome ma una combriccola di consonanti? Bene. Peter aveva fatto ristrutturare il palazzo vescovile. Il preventivo era di cinque milioni di euro, ma lui ha fatto il miracolo. Ha moltiplicato i milioni, per cui gli è costato niente meno che trentatré. Vi dico solo che c'ha messo dentro anche una Jacuzzi da quindicimila euro. Quando papa Francesco l'ha saputo, voleva ammazzare il vitello grasso e tirarglielo in testa. Ma trentatré milioni di euro?! A chiedere le offerte, chi passava al posto del chierichetto? Il direttore della Bundesbank?

Così l'ha allontanato dalla diocesi. Peter, posso dire? Minchia, adesso te la fai la villa? Ma non l'hai capito chi è il tuo capo? Ti va già di lusso che Francesco non ti faccia fare tutto il pellegrinaggio di Santiago de Compostela a calci nel sedere. Fosse stato ancora l'altro, il tuo connazionale Joseph, ci stava. Quello aveva il berretto di zibellino, le pantofole di Prada, e un guardaroba che se lo sognava Freddie Mercury. Ma questo qui non è che si è fatto chiamare Francesco in onore di Totti. Avesse scelto di chiamarsi papa Richard Ginori o papa Yves Saint Laurent col Saint di mezzo, ci stava; magari la Jacuzzi piaceva anche a lui. "Francesco" è sinonimo di Chiesa povera! E cosa te ne fai della Jacuzzi? Ci metti i fedeli dentro che invece di scambiarsi il segno di pace si lavano la schiena cantando *Venite Adoremus*? Il nostro papone probabilmente il bagno lo fa nel mastellone di legno, con le suore che gli rovesciano addosso l'acqua calda, come John Wayne nei western. Che mito. Io davanti a lui mi butto in ginocchio umanamente e spiritualmente. Se Maddalena lavava i piedi, io a lui farei un massaggio shiatsu.

Lo vedi però che papa Franky è determinato. Capisce subito dove fare i tagli e a chi togliere privilegi. Scusate, ma non lo possiamo fare presidente del consiglio? Andiamo a votare con lo slogan "Bergoglio ti voglio". Papa e papà del

Paese. Nel giro di due giorni raddrizza tutto il parlamento. Tanto noi alla fine per sistemare le cose scegliamo sempre un democristiano, allora tanto vale puntare in alto. Democristiano per democristiano, scegliamo il papa. Vedi come ci mette in bolla.

Avete visto che torrone ha fatto partire in Vaticano contro i preti pedofili? Ha avuto la mano leggera come un battilastra. Ma finalmente... Dio perdona, papa Frank no. Intanto ha messo agli arresti domiciliari Wesolowski, che non è un personaggio di *Nick Carter*, ma il monsignore ex nunzio apostolico della Repubblica Dominicana. Quello che adescava i meniños de rua e sul suo computer aveva centinaia di filmini porno. E poi ha rimosso il vescovo paraguaiano monsignor Plano. Se va avanti così, il prossimo conclave lo faranno in cinque... Potrebbe farsi aiutare anche da don Matteo. Guarda che don Matteo ha fatto il cowboy da giovane, i pedofili li fa volare fuori del saloon a cazzotti.

Papa Frank è il nostro Zorro. Solo che invece di avere il mantello nero ce l'ha bianco. Uno zorro albino. E parla anche come Banderas. Manca solo che si faccia crescere i baffetti e si metta la mascherina sugli occhi, e il nunzio apostolico non lo riconosce più. Onore a Frankienergy e un saluto dalla tua monaca laica. A proposito, avete visto che fine hanno fatto quelli della Roma bene? Vi ricordate quelli che si facevano le ragazzine minorenni? Be', dopo tutto il casino che si era scatenato, "Scoperchiato il marcio a Roma!", "Scoperti sfruttatori e clienti di due minorenni!", "La giustizia farà il suo corso anche se fra i clienti ci sono nomi illustri!"... ecco, è arrivata la sentenza e la maggior parte di questi se la caverà con mille euro di multa e un anno con la condizionale, e ciao ninetta.

Guardate, io non volevo parlarne perché le sentenze non si discutono, ma minchia, a me questa viene da discuterla tantissimo. Mille euro di multa per aver approfittato di minorenni? Loro dicono che non sapevano che fossero minorenni. Certo. Vai a letto con una sedicenne e dici: "Oh! Io pensavo che fosse una di quarant'anni ben portati..."?

Ma un dubbio non ti viene? Scusa, tu vai a letto con una ragazzina e non te ne accorgi? Non le chiedi quanti anni ha? Vale la scusa che a una donna non si chiede l'età? Un anno con la condizionale e mille euro di multa? Ma lo sai che se non rispetti i limiti di velocità in autostrada ti danno una pena uguale? Però ti sospendono anche la patente per un anno. Ma ti sembra la stessa cosa che andare a letto con una sedicenne?

Scusatemi se insisto. Se sbagli con la macchina ti tolgono la patente per un anno. E questi che hanno sbagliato dove mettere la minchia? Possono continuare a usarla? Non dico tagliarla, ma almeno, non so, per un anno metterle le ganasce.

Il suicidio dell'aragosta

Parliamo di scienza, cari miei. Voglio fare la Giacobba di Borgo Po. I ricercatori irlandesi, dopo approfondite indagini, hanno stabilito che un'aragosta buttata nell'acqua bollente per essere cucinata soffre. Tu pensa. Guarda a volte la scienza come ti squarcia dei veli. Quale sarà la loro prossima scoperta? Che prendere a testate l'anta dell'armadio può essere doloroso? Che se pesti una cacca di cane, poi ti puzza la scarpa? Che se sbucci la pera rischi che ti cada perché diventa viscida? Ma cosa avevano pensato fino adesso? Che un'aragosta buttata nell'acqua bollente provasse sollievo? Che si sentisse come alle terme? Come dentro a un idromassaggio? No. Loro pensavano che, siccome l'aragosta ha la corazza, non sentisse dolore. Eh, certo. Una passeggiata di salute. Ha la corazza, e cosa vuol dire? Prova tu a buttarti in un pentolone rovente con la giacca a vento! Infilati le presine e poi chiedi a Marchionne se ti fa mettere le mani nell'altoforno...

I cuochi dicono che se la butti di testa lei non sente dolore. Se batte la testa sul fondo, forse. Prende una craniata, perde i sensi e a questo punto la cuoci da svenuta. Non è che se la tuffi come la Cagnotto lei gode. Poi, che soffre si capisce anche. Perché quando la cuoci fa *fttt... ft...* pigola, è una roba straziante. Cosa pensavano facesse? Che cantasse come sotto la doccia? Io l'aragosta non sono mai riuscita a cucinarla. Compro gli anelli di totano, piuttosto. Quelli surgelati, così non rischio. Già all'orata che mi guarda con l'occhio acquoso mi viene da portarle rispetto come alla salma di Lenin, e il gambero mi ricorda Gad Lerner che cammina di lato mentre parla.

Il bello è che adesso ci sono tutti i cuochi agitati perché non sanno come fare. Forse per togliersi il problema converrebbe che aspettassero che l'aragosta morisse di morte naturale. Solo che è un casino. Tu la ordini al ristorante, poi magari devi aspettare cinque giorni prima che te la servano. L'altra possibilità è spingerla al suicidio... La metti davanti alla finestra aperta e le dici: "Guarda, tesoro, sul marciapiede sta passando un banco di plancton!". Così lei si butta giù e tu la raccogli con la paletta dal marciapiede. Oppure punti sulla disistima... Le dici: "Minchia se sei brutta... hai delle pinze al posto delle mani, sei dello stesso colore dei capelli della Brambilla... ma che campi a fare? Il paguro è molto meglio di te...", e lei compie l'insano gesto... Sai qual è la soluzione migliore? Farla respirare vicino all'Ilva di Taranto. Con gli esseri umani funziona.

Insomma, menomale che gli scienziati lavorano! Perché altrimenti, per spiegarci l'origine dei terremoti... saremmo in balia di gente come Povia. Sì, proprio lui, avete capito bene, una massima autorità del settore... Poviolone, il cantante. L'esperto di piccioni. Quello che ha scritto: "Vorrei avere il becco", non "Vorrei essere Dulbecco". Pare che un suo fan su facebook gli abbia chiesto quale sia secondo lui la causa dei terremoti.

Allora. Intanto facciamoci una domanda e diamoci una risposta. Perché uno chiede a Povia qual è l'origine dei terremoti? Ma come ti viene in mente? A Povia puoi chiedere al massimo perché i bambini fanno ooh... Sarebbe come dire: "E ora, parliamo di fisica quantistica... Bene, chiediamo a Toto Cutugno!". Aiuto. Se adesso parte sta moda qua è la fine, ci troviamo Povia che parla di geofisica e Rubbia che canta *Sarà perché ti amo*. Comunque lui ha dato la sua spiegazione. Dice che la colpa è delle persone che si muovono.

Che se sette miliardi di persone ogni giorno camminano, saltano, ballano e corrono, è ovvio che poi la Terra trema.

Ovvio cosa, Povia? Secondo Povia la Terra è un po' come un parquet. Se stai fermo, ok. Ma se ti muovi scricchiola. E allora nel Pleistocene, nel Mesopotelio, lì nel Varicocele, quando i dinosauri camminavano sulla Terra, era come avere quella del piano sopra che a mezzanotte va in giro con i tacchi? Ma Povia?! Allora quando qui c'è il carnevale di Venezia la Terra trema alle Isole Samoa? A Los Angeles fanno il Gay Pride e a Reggio Emilia va giù una chiesa? Ma sei balengo?

Il bello è che uno gli ha anche risposto e ha detto che secondo lui invece i terremoti sono causati da test nucleari che fanno sotto l'Appennino, e precisamente mille metri sotto L'Aquila. Capisci? La fiera dei crani frollati. Il delirio a due. Ma non è tutto. Povia, invece di rispondere: "Che cacchio dici?!", ha detto: "Non sono così convinto, ma non lo escludo". Ma come non lo escludo? E chi minchia è che scava per mille metri sotto L'Aquila, e poi si mette a far scoppiare atomiche, senza che nessuno se ne accorga? Per la TAV non hanno neanche cominciato a fare il buco ed è già venuto giù l'universo... invece gli aquilani sono stati ipnotizzati dai marziani? Hanno fatto fare il buco alla Gelmini con le pinzette per le sopracciglia? Mah, per avere un parere sensato mi sa che toccherà chiedere a Casaleggio.

L'intestino di cartapesta

Date uno sguardo su Sky. Canale Real Time. C'è una trasmissione fantastica che s'intitola "Io e la mia ossessione". Ho visto una puntata memorabile, in cui una tipa ha la seguente fobia: mangia la carta igienica. Inizialmente dice: "Io mi trovo benissimo a mangiare la carta igienica; d'altronde tutti hanno qualche vizio: chi beve, chi fuma, io mangio la carta igienica...". E si vede lei che ne strappa pezzetti e se li caccia in bocca come fossero pizzichi di zucchero filato. *Tric, truc* e si è sparata in un attimo la carta che uno adopera in una settimana (uno normale, perché ci sono quelli che van giù di carta a manetta e ogni volta che vanno in bagno fanno andare mezzo rotolo).

A un certo punto la psichiatra le dice: "Guardi che a lungo andare le farà male...". E lei: "Ah sì? Dice?". Ma non so, vedi te... Io non ho mai sentito che nella dieta mediterranea, insieme all'olio extravergine d'oliva e agli spaghetti, ci sia anche la carta da cesso. Non mi risulta. "Per me è come una droga, solo che dalla droga si può uscire... ma dalla carta igienica... come si fa?" Eh, certo. Come si fa? Come ne esci, dal tunnel della Foxy Seta Ultra? La psichiatra insiste: "Ha contato quanta ne mangia in un giorno?". Stacco. Si vede lei in lacrime, con davanti una torretta di strappi di carta igienica, che dice: "Mio dio. Ho contato gli strappi, sono quasi quindici anni che mi mangio due rotoli di carta igienica al giorno...". E giù pianti.

Che vita di merda. Ma scusa, non se n'era accorta? Una così avrà l'intestino di cartapesta... Quando va in bagno cosa fa? Festoni? Un pupazzo di Viareggio? Tra l'altro viene da pensare: se la carta igienica se la mangia, in bagno cosa utilizza? Le fettine panate? Una bistecca di sanato? Per fortuna non lavora nella scuola pubblica, perché lì morirebbe di fame visto che la carta igienica non c'è mai... Poi la cosa che mi fa ridere è che alla domanda: "Da quanto tempo ha questo problema?", rispondono quasi tutti: "Mah... da cinque anni... da dieci anni... da quindici anni...". Eh però! Aspetta ancora un po'. Hai sto torrone devastante, sta fissa pazzesca e aspetti dieci anni a farti vedere? "Eh, mi vergognavo." Certo. Ti vergognavi a farti vedere dal tuo medico e adesso lo racconti davanti a milioni di spettatori... Prima non lo sapeva nessuno, adesso lo so pure io a Torino.

Finisce la puntata che lei sta meglio. Non ha smesso. È sulla via della guarigione. Ne mangia qualche strappo proprio quando è in astinenza. Ma si può fare un programma così? Io per esempio ho la fissa che quando metto le dita nelle forbici poi mi restino incastrate dentro... Dite che la fanno una puntata su di me?

Le multe agli arcobaleni

Partiamo dall'inizio. Esiste un paese che si chiama Bellano. Non con l'apostrofo. Senza. Se esiste un onorevole che si chiama Caramazza, e uno che si chiama Bocchino, può anche esistere un paese che si chiama Bellano.

Comunque a Bellano, vicino a Lecco, c'è un orrido. Sapete cos'è un orrido, no? È una gola profonda in mezzo alle montagne, e in questo caso c'è pure una cascata. Ci sono anche molti esseri umani orridi, però senza essere profondi, ma non ci distraiamo. Bene. Dei cittadini si sono lamentati che fa troppo casino. Che sta cascata fa un bordello micidiale e che non riescono a sentire manco la televisione. Che in alcuni casi, io dico, è persino un bene. E allora l'hanno denunciata. Non so se vi rendete conto di cosa sto dicendo. Hanno denunciato una cascata. E l'ARPA, l'Agenzia Regionale per la Protezione dell'Ambiente, invece di distribuire degli psicofarmaci a tutti ha fatto delle misurazioni acustiche e poi ha comminato al comune una multa di ben 1.032 euro.

E poi dicono che io sono suonata. Cosa dovrebbero fare al comune del Niagara allora, appendere per le balle tutta la giunta? Ma finisco la storia. Il sindaco di Bellano, Roberto Santalucia, invece di dire a tutti: "Siete tuonati, andate a far le multe agli arcobaleni", ha dichiarato che Bellano non avrebbe cacato un euro... perché la cascata è della regione, mentre la regione dice che è un problema del comune.

Io dico che la gente è pazza. Intanto, prima cosa: ma questi che si lamentano, quando sono andati a vivere lì intorno non l'avevano vista la cascata? Sarà ben stata sempre lì, non è che si è formata recentemente. E allora è inutile che ti arrabbi... Come quelli che vanno a vivere di fianco a una chiesa e poi si lamentano: "Eh, ma a tutte le ore sto don don...". Ho capito, ma quando sei andato ad abitare lì non hai visto che c'era un campanile? Non è una costruzione che passa inosservata... Ho letto che l'orrido risale a quindici milioni di anni fa. Vuoi dirmi che la cascata è del Mesozoico e la panetteria l'hanno messa prima?

Comunque, in ogni caso, come si fa a multare una cascata perché fa troppo rumore? Ma scusa, non chiudono le discoteche che strinano i timpani di tutti quelli che stanno intorno, chi abita vicino agli stadi non ha più pace e sclera tutte le volte che c'è una partita, chi sta sopra un ristorante sente fino alle tre di notte gente che sbraita, se alle quattro del mattino passa una moto smarmittata ti stampi sul soffitto ma te ne fai una ragione... e se la prendono con una cascata? Ma una cascata è una cascata, sta nella sua natura scrosciare. Non esiste un'acqua silenziosa. Il bue muggisce, gli uccelli cinguettano, io dico minchiate e le cascate scrosciano! E allora multiamo anche le onde del mare perché bagnano la sabbia, i fulmini perché sono troppo luminosi e i tuoni perché esagerano... E se erutta l'Etna, allora? Cosa fanno, mandano Equitalia? Pensa se dovesse mai nevicare merda sull'Astigiano... ci inventiamo una class-action?

A sto punto facciamo dimettere il sindaco di Trieste per bora... e quello di Venezia per acqua alta.

Face slapping

Certo che le donne a volte sono proprio sceme. In America sta facendo proseliti un nuovo trattamento importato direttamente dalla Thailandia grazie a una dolce signorina che si chiama Tata. Tata pratica il face slapping. Sapete già cos'è o navigate nel buio come quando andate a far pipì senza accendere la luce? Il face slapping è una terapia che senza laser, senza botox e senza filler ti promette di far scomparire le rughe e di restituire alla tua pelle un aspetto giovane e freschissimo.

E con cosa, di grazia? Con le sberle. Tata ti ringiovanisce a manate. Ti piglia "a bote e patele", come diceva mia nonna. Fortissime. Giuro. La seduta dura venti minuti e costa la bellezza di 350 dollari. Neanche così conveniente. Tu vai lì e lei ti corca. Ti gonfia, per forza che le rughe si spianano. Ti fa la faccia come un cocomero. E se non stai più che ferma c'è il rischio che sbagli mira, e poi non devi neanche metterti il rimmel, gli occhi neri te li ha già fatti lei.

Dice che la pelle diventa più soda. Secondo me viene via come la buccia delle patate bollite. Praticamente ti stacca l'intonaco. Le donne anziane fanno come i pacchi della farina, a ogni ceffone fan la polvere. Dice che il suo non è un trattamento invasivo. Ah sì? E come vogliamo definirlo, Tata mia? Un gesto di tenerezza alla papa Frank? Ma guarda che le donne son cretine. Pagano per farsi prendere a sgiafun. "O Jane... sono stata dalla Tata ieri e ho ancora le orecchie che mi fischiano ", "Io invece vado da Mike, ci mette un secondo: invece di tirarmi le rughe tira direttamente me contro il muro", "Io vado da Umbert, pensa che mi tiene la testa sull'asse e mi fa il lifting col ferro da stiro".

Poi la cosa pazzesca è che molte clienti dopo pochi minuti di trattamento non ce la fanno già più e quindi chiedono a Tata di fermarsi. "Brava Tata, ora però basta, che non sento più da un timpano." Ma lei niente, non smette neanche se la cliente piange. Anzi secondo me gliene dà di più. Ma neanche nei film di Tarantino! Neanche l'urlo di Chen che terrorizza anche Chen! E poi io sto trattamento lo trovo un po' caro. Anche perché, secondo me, è una terapia che puoi ottenere gratis con una certa facilità: ti scegli il tuo scaricatore di porto di fiducia, lo mandi a stendere e al resto pensa tutto lui. Anche se vai nella curva del Toro a gridare "Forza Juve!" ti trovi bene.

Tata? Ti do un consiglio. E provare a togliere la cellulite a calci in culo? Mezz'ora di calci forti e vedi che ti sale il sedere come fosse la gobba di un dromedario. Se poi il calcio te lo tira uno come Marchisio, te lo trovi in mezzo alle orecchie in un amen.

Le chiappe liofilizzate

Parliamo di Roberto Cavalli. Quello stilista sobrio che farebbe pitonato pure un cilicio. Sapete che lui ha il vizio di foderare tutto con pelle di animale: in casa sua l'aspirapolvere è in pelle di giraffa, il water è leopardato, la Jacuzzi è in pelo di foca e persino il gatto, quello vero, l'ha rivestito in pelle di rana. Diciamo che Mengoni quando ha scritto *L'essenziale* non pensava a lui.

Comunque. Lo hanno fotografato sul suo yacht con una che a occhio non credo fosse sua nipote. Una bella ragazza... la sua fidanzata insomma, la donna che sussurrava a Cavalli. Si chiama Lina Nilson, la Cavallina storna, è del 1987, e praticamente è nata quando a Roberto Cavalli già uscivano i peli bianchi dal naso e la prostata gli si era già rivestita di scaglie di pangasio.

Bene, e cosa facevano i due in barca? Non il ciupa. Anche perché Roby, Crazy Horse, ha settant'anni suonati, e non è che può fare tutte le stirubacule in barca... l'equilibrio è quello che è. Se non sei più che agile, ci sono un mucchio di cose su una barca che l'amore lo fanno loro a te. Se perdi l'equilibrio e ti siedi su un boma, saluti le tubature. Comunque dicevo... cosa fanno Cavalli e Lina? I Cavallina?

Niente. Lei gli fa il bidè. Nella foto si vede sta Lina che impugna la doccetta e gli sciacqua con devozione gli amici di Maria. Glielo frulla e glielo impurilla di shampoo come se facesse la doccia al cocker per togliergli la sabbia. Si vede che non vuole che l'acqua salata glielo sciupi. Sapete che il walter con l'acqua del mare fa effetto acciuga sotto sale? Si secca. Peccato, dalle foto non si vede se dopo gli ha spalmato anche la pasta di Fissan.

E lui sta lì come un puciu. Fiero. Un incrocio tra un capo indiano e Valeria Marini. Insomma, Cavalli è anche un bell'uomo, ma non è più un puledro dalla criniera fragrante. Non è più il Varenne degli stilisti. È un purosangue di quelli già un po' brasati, uno di quelli che all'Ikea mettono nelle polpette. Poi ha sto culino picccoooolo...

Dopo una certa età, quando ingrassi, i chili non si spargono più a caso: si crea la struttura. A noi donne viene la pancia a bottiglione, sopra il collo stretto e sotto il tubo grosso compatto. Perdiamo la vita. Diventiamo una canna fumaria, prendiamo la forma del pitone che ha appena inghiottito un capibara. Invece a voi maschi viene la pancia a fiasco. Si gonfia come se fosse piena di lambrusco. Dopo una corsetta la trippa fa come la panna cotta quando te la servono al ristorante, che ci impiega mezz'ora a smettere di dondolare. Oltretutto quando invecchiate vi si ingrossano le orecchie, vi vengono due finissime di vitello, e vi si rattrappisce il culo. Finite per somigliare a una di quelle maschere africane che fanno bollire e poi diventano rugose tipo meline. Vi vengono le chiappe liofilizzate. Poi, nell'ordine: le ginocchia vi diventano raspose come carta vetrata, i pettorali a festoni, la pelle uguale al sottocoscia dell'oca, e soprattutto alcuni organi si rattrappiscono e altri per compensazione si ingrossano. Per esempio, s'ingrossano il fegato e la prostata, mentre si riduce sensibilmente... il pacco del sultano. Il nido dove volò il cuculo. Il ramarro rosa si ridimensiona a lucertola, ecco.

Certo, qualche eccezione c'è. Don Matteo per esempio. Anche lui ha superato i settanta, ma non ha le chiappe come due noci moscate e la dentiera che fischia come il Grand Canyon quando c'è vento. Ha un fascino... sarà per quegli occhi che ti inchiodano alla sedia? Comunque lui è rimasto bello. È come un mobile di pregio. Anche con la polvere sopra rimane figo. Che poi fa ridere che in quel paesino ne succeda sempre una. In un paese normale, al massimo, toh, il parroco fa le comunioni, o dice le novene. Un'estrema unzione è già una botta di vita... Lì no. Lui deve fare Serpico tutte le volte... Si ammazzano tutti lì! È già strano che dopo nove anni ci sia ancora qualche forma di vita. Oramai il territorio dovrebbe essere abitato solo da scarafaggi e ratti.

Comunque, tornando a Cavalli. Certo che fare il bidè a un uomo è impegnativo. Se non sei la badante intendo... Faccio un sondaggio: scusate, voi quando siete innamorate fate il bidè al vostro compagno?

"Amore, che ne dici di provare il nuovo Infasil intimo?", "Aspettami sul bidè che ti risciacquo al Chilly mentolo". Sarà, ma a me non è mai successo, nemmeno in casi estremi. Posso fare da mangiare, stirare, pulire anche la cacca sotto le scarpe, ma il bidè no, quello non te lo faccio, amore, stabiliamo dei limiti. È proprio vero che a noi donne quando siamo innamorate va bene tutto. Che sia lungo, corto, pacioccone, vecchio, giovane... ci va bene con le patacche sulla felpa e il calzino penzolante dal piede, quando sputa i semi di anguria cercando di centrare la foto della suocera... e anche quando si diverte a chiudere le porte con la pancia.

Per noi l'amore è veramente cieco. Non ci facciamo problemi, siamo misericordiose proprio per genetica. Tu vedi Lina che sciacqua, e ti dà l'idea che forse sciacquerebbe con garbo e devozione anche se lui non avesse lo yacht. Pensa il contrario. Pensa il toyboy trentenne di Ivana Trump o quello di una Gina Lollobrigida... Farebbero la stessa cosa, secondo voi? Col cacchio. Ma neanche per ereditare i gioielli della Corona inglese.

"Tesoro, mi fai il bidè? Ti regalo la Reggia di Venaria!" "Manco morto!" Piuttosto le addormentano e le portano all'autolavaggio. E poi, soprattutto, noi donne non ce lo faremmo mai fare. La donna ha un senso della dignità e del pudore per cui, finché è in grado di muovere un dito di una mano, il bidè se lo fa da sola. Riesce a muovere solo il mignolo? Se lo fa col mignolo... E se non riesce a muovere manco quello, se la lava come si andava in bici da piccole: senza mani.

Una settantenne fa di tutto per sembrare perennemente gnocca. E se paga, paga perché qualcuno faccia finta di amarla. Non perché le faccia il semicupio. È di amore che noi abbiamo bisogno, sempre. Voi invece siete più cinici. Concreti. "Mi piaci, grattami la schiena; comincio a volerti bene, tagliami le unghie; ora ti amo veramente, fammi il bidè."

"Ma che sciarpa figa!"

Preparatevi a far la faccia dell'*Urlo* di Munch perché questa è veramente idiota. Dunque, parliamo di un'artista australiana, Casey Jenkins, che per ventotto giorni in una galleria d'arte ha fatto un'installazione vivente. Ha sferruzzato a maglia una sciarpa. E sai dove lo teneva il gomitolo? Prova a dire... Nel cesto accanto al camino? In grembo? Vicino al seggiolone? Appoggiato alle pantofole? No. Aiutami a dire no. Nella jolanda. Sì. Se vuoi vai a vedere, c'è il filmato su YouTube. Cinque milioni di visualizzazioni. Lei che sferruzza e il filo *piuuu*...

Così per ventotto giorni con la lana che sbucava dalla Calimera. Ma sai che all'inizio sono rimasta senza parole? Poi però le ho trovate. Allora, prima cosa: io non so se è arte fare una sciarpa a maglia col gomitolo nella jolanda, ma di sicuro è comodo. Anche sul pullman, alla fermata della metro, è un attimo, che ottimizzi... capace che in un giorno di sciopero la sciarpa la finisci.

Certo che poi se la regali non puoi dire: "Tieni, l'ho fatta col cuore...". L'avrà seguita un ginecologo, o c'era un tecnico della Singer? Ci metterà l'etichetta con scritto "Made in Jolanda"? Ma Casey! Menomale che non sei brava in cucina, altrimenti cosa ci facevi lì dentro, i fagioli con le cotiche? Ci cuocevi i biscotti? Mhhh... su queste notizie mi butto come lo sciacallo sul culo della zebra. Comunque Casey è una che se non altro lavora. Finora io sapevo solo di gente che lavorava col culo.

Volevo chiedere alle signore: secondo voi lì dentro c'è rischio che la lana infeltrisca? Chissà se quando è andata a comprare la lana la commessa le ha chiesto: "Come la vuole? Angora, merinos, alpaca...". "No no, è uguale, l'importante è che il gomitolo mi stia nella..."

Sarà stata pura lana vergine? L'importante è che non fosse d'acrilico, altrimenti uscendo faceva le scintille come la barra dei tram. Che poi è anche un limite alla vita sessuale. Certo, perché se lui ti dice: "Amore, stasera facciamo del ciupa?", tu cosa dici? "No, lascia che sto finendo l'orlo..." Ma Casey, dolce Casey, come ti è venuto in mente? Ti sembra arte infilarsi un gomitolo nella Bella Gigogin?

Lei dice che ognuno col suo corpo può fare quello che vuole. Sì, per carità. Per me puoi metterti anche una merda in testa e poi dire che ti sei fatta una parrucca. Già che ci sei, perché non provi a cucirti una camicetta con i peli del naso? Che magari ti prendono al Moma...

Tanto qualche feticista quella sciarpa se la comprerà di sicuro. No, ma ci sarà una fine? Noi umani che razza di scantinati abbiamo, nelle nostre teste, per partorire sempre boiate nuove?

Uno può sempre dire che è arte anche la più feconda delle cazzate? Perché adesso tu vai alle fiere d'arte o ai musei e ci sono le installazioni... che sono delle opere con gli umani viventi che fanno qualcosa. E più è deficiente, più ne dicono bene. Vedi uno che lecca dei datteri inchiodati per terra e ti spiegano che rappresenta l'Africa, un altro che si guarda allo specchio e si sputa in un occhio e ti dicono che è il male di vivere. Ma minchia, vado anch'io... Faccio una statua con tre buchi del sedere e vado alla Biennale. Scusate, ma fare a maglia col filo che esce dalla susina cosa significa? È un'evoluzione delle Parche romane? Allora di jole ce ne vogliono minimo tre. Ma forse siamo noi, che pensiamo strano... forse Casey voleva solo farsi una sciarpa. E dire: "Di' un po'? Guarda che sciarpa figa!".

Un ministero del buon senso

Ora basta. Qui ci vuole qualcuno che ci metta mano. Istituiamo un ministero del buon senso che si occupi di risolvere le piccole e grandi rotture che ci rendono urfida la vita. Sono cose facili. Mica questioni di Imu e Irpef e debito pubblico. Cominciamo dai bancomat. Qualcuno può dire a quelli che costruiscono i bancomat che la smettano di piazzarli controsole? Che per riuscire a fare il prelievo bisogna coricarsi sul monitor e schiacciare il naso contro il vetro per vedere qualcosa? Quando andiamo al bancomat non è per prendere la tintarella sul derrière. No. Noi ci andiamo per prelevare, e se sul vetro batte il sole vediamo solo la polvere, le ditate e i moschini spiaccicati. Quindi faccio un appello ai bancomat designer: mettere bene un bancomat non è difficile. Aspettate mezzogiorno e, se la luce picchia contro, basta che lo spostiate da un'altra parte, teste di pirla.

Una parentesi, già che ci siamo. Io non riesco a capire una cosa. Quando tu paghi col bancomat al supermercato, all'autogrill, dal benzinaio, i commessi ti passano la macchinetta, tu digiti e loro girano la testa per non guardare. E fin lì ci siamo, è giusto. Però non è che distolgono lo sguardo normalmente: girano proprio la testa di 360 gradi come i gufi di notte per cercare le donnole. Torsione completa. C'è gente che per far vedere che non guarda si mette a leggere l'etichetta della sciarpa che ha al collo... "Pura lana, lavare in acqua fredda." Fanno l'arc-en-ciel, si inarcano alla Fosbury. Io capisco la privacy, ma non è il caso che ti sviti la testa. Che poi magari sono quelli che escono dal lavoro e, tornando a casa, si comprano "Diva e piva" per sapere se Sara Tommasi s'è tatuata una farfalla su una chiappa, con chi fa la ciupa dance Balotelli e se Lola Ponce è incinta di Guillermo Mariotto.

Ma è il caso? No, perché poi non c'è logica. Dovrebbero: avere ventisette decimi per occhio e vedere i cinque numeri, memorizzare il codice, trafugarti la tessera, prelevare dal tuo conto. Ma chi sei? Diabolik? Se fanno tutto questo, allora se lo meritano di fregarmi i soldi. Guardate, glieli do direttamente io. E gli faccio pure l'applauso.

Poi, continuo con le mie richieste. Potete evitare di fare i termometri a energia solare con la pila che si deve caricare sotto il sole per un'ora prima di funzionare? Ma a quale devastato nel cervello è venuta in mente un'idea del genere? Se mio figlio sta male io devo passare un'ora col termometro sotto l'abat-jour prima di riuscire a misurargli la febbre? Quanto mai potrà inquinare il pianeta la pila di un termometro, grossa come un'unghia del mignolo di un neonato?

E i feltrini da mettere sotto le gambe delle sedie? Possiamo farli che restino per sempre sotto le gambine e non che se ne vadano subito in giro come fa il cerotto, che se te ne metti uno sul dito del piede, il tempo di mettere la calza ed è già risalito fino al ginocchio?

Vorrei poi una legge che regolamenti le richiamate telefoniche col cellulare. Che quando cade la linea parte la scarambola di telefonate in cui tutti e due si richiamano contemporaneamente mentre i nervi escono dalla guaina. Facciamo che richiama il primo che ha telefonato e fine del ballarò.

Poi, che qualcuno inventi un cicles a sapore costante, e non che quando lo metti in bocca è fortissimo, praticamente ti senti in gola il gusto di duecento Borocilline, e dopo cinque minuti non sa più di niente e ti sembra di masticare l'elastico delle mutande.

Poi chiedo un disegno di legge sui contagocce, che si

chiamano conta-gocce ma se li premi orinano come un cucciolo di dobermann. Tranne la Novalgina. Le gocce di Novalgina sono stitiche, e prima che ne cada una passa un tempo di una partita di calcio.

Poi qualcuno dovrebbe parlare con quelli dell'Ikea e chiedergli di fare le federe a misura dei nostri cuscini, che sono rettangolari e non quadrati. Chissenefrega che in Svezia li usino quadrati! Noi qui siamo in Italia! E se la federa è un quadrato e il cuscino un rettangolo, a noi resta fuori una budella di cuscino che sembra un'ernia espulsa.

Continuo. Nessuno ha mai pensato di inventare un allarme per appartamenti che almeno una volta nella vita suoni perché ci sono davvero i ladri e non per i cacchi suoi, soprattutto il giorno di ferragosto?

E ancora: prima o poi qualcuno inventerà una macchina con un nome decente?! Sapete che ridendo e scherzando è nata la nuova Fiat. Si chiama Fiat Chrysler Automobiles. E sapete qual è la sigla? FCA. FCA... manca una "i" ed è la parola più amata dagli italiani. Allora. Io capisco ancora Marchionne che ormai è mezzo canadese, capisco John Elkann che è un mezzo seminarista e quella parola forse non l'ha mai sentita nominare... ma Lapo! Lapo! Tu sai cos'è la FCA! Al progetto di FCA hai dedicato tutta la vita!

Avrà già coniato lo slogan da mettere sulle felpe... al posto di "Fiat": "FCA, che ficata!". Sarà l'unica macchina che non la devi portare dal meccanico ma dal ginecologo... Ma Marchis! Marchionne? Bisogna stare un po' più attenti quando si sceglie un nome, anche se è un acronimo. Ho capito che vuol dire Fiat Chrysler Automobili, ma inverti le lettere almeno. Metti Fiat Automobili Chrysler. FAC. No, ancora peggio.

All'inizio Marchionne voleva chiamarla SCTDBLF, che sono le iniziali di Stavolta Ci Togliamo Dalle Balle La Fiom, ma era lungo e sulla Cinquecento non ci stava. Così hanno scelto FCA. Forse peggio c'era solo: Centro Zoologico Zambesi Occidentale: CZZO. Oppure Quadro Locale Operativo: QLO.

Comunque, la sede legale sarà in Olanda, quella fiscale in Gran Bretagna, le quotazioni invece a New York... però non dobbiamo preoccuparci: se dovessero avere bisogno di incentivi pubblici, verranno a chiederli qui in Italia.

Un'ultima richiesta, da vero e proprio ministero del buon senso: è possibile evitare le previsioni apocalittiche? Ad esempio, vi ricordate il satellite Goce, quello che un anno fa doveva cadere sull'Italia non a goce ma a pezzi grossi come comodini? Niente. Non ci hanno più detto niente. Sai che io li odio? Prima ci fanno venire un'ansia che ci porta via: "Eh, deve cadere sul Piemonte, no, sulla Liguria, no, su un pezzo di Sardegna...", i giornali davano addirittura gli orari: "Alle 7,48 un frammento schiaccerà un geometra a Varese... alle 8,24 un altro pezzo centrerà due pensionati a Cosenza...". Avevano scritto persino: "Restate a casa durante gli orari previsti... schegge fiammeggianti potrebbero solcare i cieli e cadervi nelle minestre! Se vedete un lumino nel cielo buttatevi nel cesso per sicurezza...". E poi? Finito. Ciao. Non ne sai più niente. Se non leggi in un trafiletto che è andato tutto bene, stai lì con il collo incassato nelle spalle per una settimana... Ma perché ci terrorizzate in questo modo? Anche con l'aviaria hanno fatto così: "Una gallina ha tossito a Viterbo. Allarme!", "Segnalato un canarino con colorito giallo, sospetto torcicollo fra i piccioni, non mangiate le faraone...".

Ma dico, abbiamo già le nostre sfighe, e la rata del mutuo, e il figlio disoccupato, e la TRISE, e la TARSU, e la TUC... dobbiamo anche preoccuparci che un pezzo di siluro ci centri in piena fronte? Fate una cosa: non ditecelo, così noi viviamo sereni. E se poi ci colpisce Jeeg Robot... ci salteranno i circuiti di mille valvole. Pazienza.

Tir plus un pluc de gnoc che due Renault

Diamoci una calmata, amiche. Direi che è importante, quando ci svegliamo con la testa che pesa più di tutto il resto del corpo, mantenere un comportamento dignitoso, ovvero: non prendiamo esempio dalla Première Dame. Quando hanno beccato Monsieur Hollande che si faceva un giro di lenzuola con Julie, una bellissima attrice francese, la sua attuale compagna ha perso la brocca ed è finita in ospedale spiaggiata. L'hanno ricoverata per un attacco di corna... e pare che entrando in ospedale sia rimasta incastrata nella porta girevole.

Ma senti... non sarà mica la prima Première Dame che porta le corna! Guarda Hillary Clinton: è ancora lì che torrona il mondo. Se cominciamo a farci ricoverare per corna è finita, s'intasano i Pronto Soccorso. Io sarei andata almeno tre volte. Tre. Che io sappia. Ci sono alcune mie amiche che sarebbero lungodegenti. Certo però che mira mira l'Hollandesino in confronto a Berlu è un dilettante. Lui andava dall'amante in moto come quelli del Pronto Pizza, invece Berlu la pizza se la faceva portare direttamente a casa. A camionate.

Comunque è strano. Io capirei ancora un Alain Delon, un Vincent Cassel, ma Hollande... abbi pazienza. È un babaciu. Sembra fatto di gommapiuma. Non è avvenente. Ha una fronte spropositata, che ci potresti posteggiare una Smart.

Sarkozy almeno aveva la faccia da diable de l'enfer, da gargouille di Notre Dame, da sicario di Voldemort... François se gli nevica in testa sembra un pandoro. Ma soprattutto dove lo trova il tempo? Sei presidente della Francia, avrai delle giornate pienissime. Salti su un aereo e vai a Nairobi, torni e presiedi il consiglio di sicurezza, inauguri un ateneo, telefoni alla Merkel, e poi nella mezz'ora prima della cena con gli industriali sali in motorino e porti i croissant caldi all'amante? Ma io ti stimo... Sei grosso ma viaggi come una pallina da tennis sparata da Agassi. Io mi sveglio alle sei e trotto tutto il giorno: a volte non ho neanche il tempo per fare la pipì, figurarsi il resto...

Comunque abbiamo avuto la riconferma che la jolanda fa girare il mondo. Anche il più saldo degli uomini di potere, il più capo dei capi, il più raffinato e sapiente intellettuale della Crusca e del grano saraceno, appena sente il richiamo della jole: "Walterrrrrr!!!", sbarella. La jole fa l'effetto del fischietto a ultrasuoni per i cani da caccia, del flauto ai cobra. Sono tutti presi dal bene supremo e poi, appena arriva una joletta, si buttano come i rottweiler sui quarti di manzo. È un'antica legge della fisica, la enuncio in francese: "Tir plus un pluc de gnoc che due Renault".

E il bello è che questi non capiscono che le donne stanno con loro solo perché hanno potere. Io vorrei vedere se Holly Hobbie, invece di portarle a casa la baguette, la vendesse con lo jambon in un chioschetto davanti all'Orangerie, vorrei vedere se François si fosse occupato di sgorgo fogne, se la Julie sarebbe stata tutte le sere lì ad aspettarlo mentre usciva dalla cloaca massima di Parigi. "Bonjour mon amour, ouu... che tanf!"

Anche la Carla Bruni, il resto della Carlina, su questo argomento potrebbe ben bene dire la sua. Sembrava sparita per sempre, invece è tornata e ha rivelato a "Vogue" che cosa l'ha fatta innamorare del Sarkosone. Che uno dice... sarà perché è un uomo potente, mica per lo stacco di coscia o il profilo. No. Dice che l'hanno colpita le mani: ha visto quelle mani lì e non ha capito più niente. Il fatto che il proprietario di quelle mani lì casualmente fosse ai tempi anche presidente della Francia era irrilevante.

Certo. Ci crediamo, Carlona. Se lui avesse avuto un chiosco a Montmartre, o fosse stato un marchiatore di vitelli della Camargue, con quelle mani lì tu te lo saresti sposato lo stesso. Se ti sei innamorata di come muoveva le mani, ti potevi sposare anche Silvan o uno steward della Ryanair... Ma come faceva a non sapere che era il presidente della Francia? Tipo che la sera delle nozze si aspettava che la portasse in un monolocale a Belleville e invece si è trovata all'Eliseo? "Oh Nicolà! Tu fè le president? Putan la misuar, veramant? Le president de la Frans? Boja faus! Non me l'aspetav pà! L'Elisée! Chel Surpriiis! Che Surprison..."

Ma certo. Le donne fanno tutte così. Cleopatra, per dire, si è innamorata di Cesare perché aveva la riga in mezzo, e la Gregoraci di Briatore perché è di Cuneo. La Brun Brun ha anche detto che la sua vita sessuale con Sarko ultimamente non è di quantità ma di qualità. Sarebbe a dire, poc ma bun? Si fa di rado, ma quando si fa sono fuochi d'artificio? La presa della Bastiglia? Lui la ribalterà sulla dormeuse facendola impazzire con la sua Tour Eiffel? Certo che quando si comincia a parlare di qualità al posto di quantità, vuol dire quello... che lo fanno una volta ogni due mesi e lui alla fine chiede: "Come sono andato?", come fanno i pulcini della Juve o del Toro finito l'allenamento. "Ma come 'Come sono andato?'. E non lo sai come sei andato? Non c'eri, durante? Te lo devo dire io? Non ti sei accorto che durante son scesa a pisciare il cane?"

Comunque, per tornare a Hollande, quelli come lui sono traditori seriali. Sono fatti così. Perché Hollande aveva già tradito la moglie Ségolène con Valérie, adesso Valérie con Julie, e tradirà Julie con Mimì, e Mimì con Pepè e Pepè con Frufru... è un serial tromber, ormai non lo fermi più. Quando gli uomini cominciano, sono come gli squali quando assaggiano la carne umana, gli viene la frenesia e vanno avanti a nastro. Una volta conquistata una, tempo di ballare la rumba un po' di mesi e ciao, corrono dietro le gonne di un'altra.

Lo dico alle donne che portano via i mariti altrui. Amica mia che hai appena fregato il marito a un'altra: adesso te la godi, oh come sei fiera di te, ciarlotti con le amiche, cinguetti come l'usignolo col verme in bocca, ma aspetta solo un pochino e vedrai che tartasson nel pomme de terre che ti arriva, che flippon nella culotte...

Madame Pascàl e i fagiolini

Guardate, chiamiamo anche la Pascale. Sapete Madame Pascàl. La morosa di Berlu che adesso convive ufficialmente con lui e che in una bellissima intervista a "Oggi" ha dichiarato: "C'era bisogno di una donna in casa".

Ora, Francesca. Françoise. Françoise Pascàl. Se c'era una cosa che non mancava in casa di Berlu erano le donne. Abbi pazienza. Di donne in casa ce ne sono state fin troppe. I pali della lap dance erano sempre lucidi. C'erano più donne in casa di Berlu che signore ai saldi di Armani... c'era la fila, Pascalina, come alle toilette delle donne in autogrill. La Pascala ha anche detto che in casa ha cominciato a fare la spending review. Ha messo mano alla lista dei conti. Dice che Berlu pagava i fagiolini ottanta euro al chilo... ottanta euro? E cos'erano??? Fagiolini d'argento? Fagiolini cuciti a mano? Poi ci mancherebbe. I fagiolini a ottanta euro al chilo saranno anche cari, ma costavano sempre meno di quanto pagava le patate... Comunque, contento lui... D'altronde, se uno passa un milione e mezzo di euro al mese di alimenti alla ex moglie, sarà ben padrone di pagare le carote al prezzo dei tartufi, o no?

Comunque menomale che è arrivata Frances. Se adesso in casa non comprano più fagiolini, magari tra ventimila anni vanno a pari con i soldi che deve dare a De Benedetti. Ma la questione è un'altra. Io voglio conoscere il verduriere di Berlu e fargli i complimenti... perché tutte le volte che gli ordinavano un pinzimonio quello poteva comprarsi una Ferrari.

Pensa se Berlu voleva una bistecca? Doveva fare un bonifico... Se vai nel quartiere di Berlu vedi il verduriere con le catene d'oro al collo e il rolex grosso come una pizza margherita, il macellaio col registratore di cassa in argento che impacchetta le fettine nel raso di seta e la lavanderia con la fontana davanti illuminata come a Las Vegas.

Dice la Pascale che ogni giorno arrivavano enormi casse di pesce, quando è noto che il presidente non solo non lo mangia ma lo schifa. E chi glieli mandava sti bancali di triglie? La Boccassini per dispetto? Ai tempi delle cene con Bossi magari il pesce lo davano al trota per il fosforo, ma adesso? Comunque si sente che la Pascàl gli vuole bene anche se è giovane... pensa che su "Vanity Fair" ha detto di essersi dichiarata quando era ancora minorenne. Si vede che ha capito di amarlo che era ancora un'ecografia, poi piano piano il sentimento è maturato e lei ha trovato il coraggio di farsi avanti. Prima però l'ha detto ai genitori, e loro sai cosa le hanno risposto? "Lo ammiriamo anche noi", che è proprio la tipica frase che ogni genitore dice a una figlia di diciassette anni che s'innamora di un uomo di sessantasei... Però poi hanno aggiunto: "... ma potrebbe essere tuo padre".

Tuo nonno potrebbe essere! Non vorrei pensare male, ma magari gliel'hanno detto perché è Berlu. Perché se lei confessava di essersi innamorata di un cassintegrato di Bagnoli, la prendevano a palate nel sedere da Posillipo a Ponticelli. Comunque, Berlu, quando Francesca gli ha aperto il suo cuore, le ha detto una cosa bellissima: "Io non vado con le minorenni...". La chiudiamo qua o andiamo avanti?

Pensa che adesso si sono fatti vivi persino i padroni di Trilly, la mamma di Dudù. Quattro pagine di intervista completa di foto della cagna Trilly, una barboncina bianca già un po' avanti negli anni con i denti che spingono in fuori. Sai che ai cani anziani vengono i denti a raggiera. L'articolo dice che è stata una gravidanza imprevista, che si è accoppiata con Rudy ed è nato Dudù. Ma Rudy chi? Rudy Zerbi? No, perché Zerbi i denti li ha belli dritti, ha una mordacchia perfetta.

Comunque, quattro pagine dicansi quattro di foto di lei, la Trilly, nella cuccia sfigata, e Dudù sulla poltrona di palazzo Grazioli con la coppa di champagne messa vicino; Trilly fra le ortiche e Dudù sdraiato sulla moquette; Trilly che si gratta la schiena contro una pianta di cachi e Dudù con Capezzone che gli fa i bigodini. No, ma capisci? Quanti alberi sono stati abbattuti per fare la carta di quelle quattro pagine? Mezzo ettaro di foresta maremmana e centinaia di scoiattoli senza casa per una minchiata così? E adesso i padroni conoscerebbero volentieri Berlu perché la pensano come lui. Ma va'? Chissà come mai. E ora che si fa? Defa? De Filippi? Invita Trilly a "C'è posta per te", che apre la busta e trova Dudù. E non ci pensiamo più.

Il separatette

Chissà perché quando un uomo inventa una cosa per le donne di solito è una boiata. No, perché voi non avete idea. Noi per voi siamo delle forme di vita misteriose. Tipo i licheni e le muffe. Tipo i Little People di Murakami. Ci frequentiamo da un milione di anni e per voi la donna è ancora un punto interrogativo con le tette. L'ennesima dimostrazione di stupidità (in caso ne avessimo avuto bisogno) ce l'avete data con l'invenzione di un attrezzo fondamentale: il kush. Di che cosa si tratta? È un separatette. Serve per tenere divisi i seni. Diciamo che fa la funzione del portabocce, appunto, quello che il nonno adopera per andare alla bocciofila.

Come se le tette non fossero separate già di loro. Forse agli archimede americani questo dettaglio era sfuggito. Normalmente le portiamo una di qua e l'altra di là, separate da un canaletto, non è che abbiamo una monotetta a cofano di spider. Nel caso non ne avessero più viste da un po', conviene che diano uno sguardo alle Femen che si sbiottano di continuo. Comunque, sto kush è praticamente un cilindretto di gomma, non molto lungo ma abbastanza spesso, una via di mezzo tra uno di quei tubi che si usano al mare per galleggiare e una pila mezza torcia.

Tra l'altro si potrebbe usare in tanti modi. Andrebbe bene anche per tirare la sfoglia, battere la carne e tirarlo al gatto quando sta per orinare sui garofani. Ma il suo fine ultimo qual è? Serve per tenere sode le tette. Perché gli inventori dicono che le tette di notte si guastano. Che quelle miriadi di tette lente, mosce, apperate verso il basso, quelle orate scongelate che giacciono in fondo ai reggiseni, quelle stalattiti franate, quei cachi troppo maturi che cedono alla forza di gravità, diventano così perché di notte stanno impilate come le T-shirt nel cassetto, e quindi si deteriorano. Lo smosciamento avviene perché dormono una sull'altra come le sogliole. Invece col separatette non più.

Ma cosa vuol dire? Da che mondo è mondo le tette di notte stanno impilate a panino. Non è che per farle rimanere giovani ci devi piazzare in mezzo un würstel! Già tutto il giorno se ne devono stare stritolate nei push up, foderate nei pizzi, aggrappate ai ferretti, vuoi farle riposare serene? Ma cos'è, volete costringerci ad andare a dormire con le tette transennate? E allora, scusate, anche le chiappe del maschio, signorini miei, risentono con l'andare degli anni del problema che di notte sono impilate una sull'altra, no? Che con gli anni vi vengono dei culi che hanno la consistenza dei berretti di lana, delle chiappe frolle, dei glutei a passato di verdura... non sarebbe bene, allora, tenere i vostri benedetti ciapet nottetempo separati? E con che cosa li vogliamo separare? Infilando fra uno e l'altro una velina come per le fette del prosciutto? E mi fermo qua perché come potete immaginare mi vengono in mente un sacco di altre idee.

Il restauro del walter

La dico secca o faccio giri di parole? Ok. Secca. Da oggi non c'è più solo la Lipu che si occupa di uccelli, ma anche la falloplastica. Eh, sì. Sta prendendo piede in Italia un nuovo intervento estetico destinato a voi fringuelli. Per cosa? Per il vostro fringuello. Fino a poco tempo fa per il walter c'era poco da fare: come era, era, dovevi fartene una ragione. Se avevi di sotto un tappo di champagne potevi farci ben poco. Adesso invece per i minipony si schiudono le porte dorate della falloplastica. D'altronde noi ci rifacciamo le tette e la rivergination, è giusto che anche voi vi ristrutturiate il walter.

E dove lo fanno questo intervento? Al centro di Medicina sessuale di Milano. E con cosa? Col laser. Come nei film di fantascienza. Forse usano anche la spada laser di Dart Fener. Anche il nome dice già tanto: "Designer laser falloplastica", praticamente te lo fanno come desideri, quindi la famosa espressione "che cacchio vuoi?" non è più una frase volgare ma diventa la prima domanda di un questionario medico.

E qui sorge spontanea un'altra domanda: essendo una specie di ristrutturazione, sarà detraibile dal 740? E poi, il laser te lo modella veramente come vuoi? È un po' come per la scultura delle siepi? Te lo possono fare a forma di saetta, di clava, di scoiattolo? Quelli di Torino se lo faranno a Mole Antonelliana, i napoletani a Vesuvio e i pisani a forma di Torre pendente?

Anche per noi donne è una bella novità: invece del solito savoiardo triste, magari ti trovi di fronte una scultura di Lego, un merlo rosa, il becco del tucano; per chi ama il cinema la statuetta degli Oscar. Oh, quante cose ridarelle mi fa venire in mente questa roba! Ad esempio: ho letto che per allungare e rimpolpare si usa il grasso. Ma in che senso? Il grasso tuo? E se sei magro? Se sei tipo Fassino, che grasso hai? Tieni tu da parte il grasso della bistecca quando mangi e dopo aver raggiunto il peso giusto vai dal chirurgo col tupperware? Dove lo prendono sto grasso? Dalla cellulite della moglie? E poi: se è vero che per rimodellarlo usano il grasso corporeo, Giuliano Ferrara potrebbe risolvere il problema di migliaia di persone. Comunque: costi. Farsi allungare la pennellessa costa dai due ai settemila euro, e in media l'allungamento è da due a quattro centimetri. Truc e branca. Attenzione, però, perché ci sono un sacco di posti farlocchi, dove ti promettono di allungarti il walter e invece si limitano a prenderti per quell'altra parte posteriore.

Mi è venuta un'idea. Aprite bene le orecchie, chirurghi creativi del walter. Perché non vi inventate una protesi elettronica col telecomando da usare alla bisogna? Quella sì che sarebbe una figata. Vuoi fare del sano ciupa dance? Con discrezione schiacci on e la bestia si mette in moto, *vraaaanvraaanvraaan*... Quando la performance volge al termine, schiacci off e si ripiega come un telescopio. Sarebbe comodo anche per le mogli: non vuoi che lui ti tradisca? Basta levargli le batterie prima che esca di casa.

Chanel e frollini

Ne è passato di tempo da quando Chanel ha avuto per la prima volta un testimonial maschio. E sapete chi? Neanche il primo pirla di passaggio... Brad Pitt. Si vede che hanno capito che per le donne andare a letto solo con due gocce di profumo è un po' poco... non basta il profumo. Ci vuole anche l'arrosto. E quindi hanno aggiunto un pezzo di manzo. Un quarto di bue grasso di Carrù. Infatti nello spot si vedeva lui coi capelli lunghi sulle spalle, stile Giorgia Meloni, che borbottava delle robe tipo Shakespeare: "Con me ci sei tu, mia fortuna, mio fato, mio destino". E *zac*, compariva la bottiglietta di eau de parfum. In realtà poi si capiva che la vera testimonial era Angelina. Era a lei che diceva: "Sei sempre con me e mi porto sempre con me il tuo profumo". Si vede che lui se la sfrega addosso prima di uscire come una spazzola raccoglipelucchi.

E dire che proprio Angie qualche tempo fa aveva dichiarato: "Mio marito Brad puzza. È andata così. Ho sentito l'odore forte di selvatico, sono andata in salotto credendo che ci fosse il cane che si rotolava sul tappeto e invece c'era Brad che si metteva la cravatta. Allora gli ho detto: 'Amore, tanfi. Potresti girare il remake del film con Maria Schneider *Ultimo tanfo a Parigi*'".

Pare che tutto dipenda dal fatto che, essendo il Pitt molto ecologico, non usa né bagnoschiuma, né deodoranti... Risultato: puzza come un cane di campagna dopo che si è sciacquato il musetto nella cacca delle mucche. Comunque quando ho sentito la notizia io ho fatto la ola. E che cavolo. Figo, bravo, fedele, degli addominali disegnati da Giugiaro e nelle mutande un capolavoro di Renzo Piano... una magagna ce la deve pure avere, no? Solo i nostri devono essere delle hit parade di carenze? Che poi la cosa assurda è che questo qua, il Brad, ma se vuoi lo chiamiamo Pet che è più indicato, ha fatto la pubblicità dello Chanel N°5. Capisci? Neanche del concime Gesal o del repellente per piccioni... Ma se Brad fete di cane, non sarebbe stato più giusto che il profumo si chiamasse Canel? Canel N°5 come i maremmani che ci vogliono per fare a pari con l'odore? Io comunque ve lo dico senza preamboli e molto chiaramente: anche se Brad puzzasse come una murena lasciata sul tetto della macchina per una settimana o come uno di quei passeri che si trovano morti nel vaso dei gerani, io me lo porterei a casa lo stesso. Mi farei stuccare il naso col silicone delle finestre piuttosto.

Invece dello champagne gli faccio bere il Coccolino, ma state sicuri che se mi mettono nelle mani Brad non lo lascio cadere per terra a costo della vita mia. Vieni da me, Pitt, che ti pulisco a secco come un mocassino di camoscio! Vieni che ti faccio da divano e da sofà, sono maestra della qualità. Ci sono cose che vanno oltre l'odore. Anche perché, dopo un po', se Brad puzza non te ne accorgi più, come quando fai i cavoli. Al limite se ne accorgono quelli che entrano da fuori. È che voi uomini siete così: o vi profumate come una cocotte o puzzate di stantio. E poi dite: "Eh, ma io sudo". E perché noi no? Non sudiamo? Siamo fatte di polietilene? Perdiamo gocce di vetiver? I nostri aloni sotto le ascelle sono di Acqua di Colonia?

Anche noi donne siamo dotate di piedi in numero di due, solo che li laviamo. Voi no. Fate finta. Gli fate cadere sopra l'acqua come il prete al battesimo. E così a lungo andare ammuffiscono. All'apparenza sembrano puliti, ma se andiamo a vedere lì dove non osano le aquile cosa troviamo? Ti dico solo che tra le dita dei piedi di mio figlio credo di aver reperito tracce di gusci di cozza. E il bello è che dite: "Puzzano? Io non sento niente!". E sei sordo, amico mio, se non senti. Sei sordo di naso. Quale donna quando il marito si leva le scarpe di gomma non ha mai esclamato: "Che lavoro il Parmareggio!".

Comunque, per tornare a Chanel, forse è da lì che è partita sta moda dei maschi che fanno pubblicità di robe da donna. Tra un po' avremo Raoul Bova che parlerà con entusiasmo dei Tena lady e Frizzi che lamenterà un fastidioso prurito intimo. Oppure il contrario. Licia Colò davanti allo specchio che si fa la barba col bilama e la Balivo col didietro per aria che mette le catene. Ma il massimo dei massimi è Banderas, che fino a ieri faceva Zorro e si calava dalle balaustre, e adesso fa il mugnaio, e inforna i frollini. Prima affettava le mutande di Catherine Zeta-Jones con la spada e adesso impasta taralli. Gioca a carte con le fette biscottate. In *Evita* ballava il valzer con Madonna, capace che domani balla la polka con la mucca della Milka. E poi discute con Rosita, che è una gallina. E le altre muoiono d'invidia: "Minchia che fortuna, Rosita. Tu parli con Banderas, noi al massimo coi polli Amadori!".

Pensa mai se Rosita fa l'uovo. Con le pollastre che dicono: "Ma... è suo? È di Banderas?". No, perché se Rosita fa l'uovo con Banderas poi si sistema per tutta la vita, come ha fatto la Fico con Balotelli. Ma quelli della pubblicità cosa credono? Che noi donne se vediamo Banderas che fa il mugnaio compriamo più biscotti? A noi se vediamo Banderas non viene voglia di sfoglia, ci montano le caldane. Allora usatelo per fare pubblicità ai ventilatori.

I baffi di astrakan

Basta prenderla con filosofia. L'avete vista in tv quella signora tedesca a cui dopo una gravidanza è spuntata la barba? Ma non due peli, quelli che ci vengono a una certa età, quelle due bacchette da shangai, quelle vibrisse rigide sul mento. Proprio una signora barba alla Bin Laden, una barbazza da far invidia a Vessicchio. Lei prima ha provato a toglierli, poi ricrescevano, così si è stufata e adesso sembra Garibaldi con la quinta di reggiseno. Pensa il figlio. Non saprà neanche più come chiamarla, se papà o mamma.

La Cuccaren, la Cuccaracia che la intervistava le ha chiesto: "Ma non si sente un fenomeno da baraccone?". E quella: "Nooo... per niente" con la voce che le usciva da sotto la barba, "tra l'altro ho lavorato in un circo per due anni e mi sono trovata benissimo...". Ma va'? Eh, certo! E cosa ti facevano fare in un circo, di grazia? Volavi sul trapezio appesa per la barba? Non ridete sotto i baffi.

A proposito, sempre per rimanere in tema. In Turchia sta spopolando il trapianto di baffi. Se fino a poco tempo fa andavi a Istanbul per sudare al bagno turco o per vedere le moschee, adesso vai per farti trapiantare i baffi. Ma non quelli finti di carnevale che attacchi con il mastice. Baffi veri. Ci sono addirittura pacchetti turistici che comprendono volo, albergo e baffi. Ci vanno soprattutto gli arabi, perché per loro i baffi sono simbolo di forza e virilità. Se non li hai sei uno sfigato. Che poi sono difficili da portare. Il baffo fa subito Serpico. O D'Alema. Oppure quelli della "Riccooolaaaa". In effetti succede. Ci sono uomini che non hanno la barba, hanno solo qualche pelo sparso, uno qua e uno là come gli anziani nei cinema porno. Dei peli radi che se li fanno crescere diventano lunghissimi come i fili delle prolunghe. Non ho tanto capito in cosa consista l'operazione. Cosa fanno? Da dove li prendono i peli per il trapianto? Ci sono dei donatori di baffo? Gente con un forte incremento di PIL? Te li disegnano come i capelli di Berlu? Fanno dei riportini coi peli del naso tirandoli giù tipo le veneziane? Tirano in alto i peli del torace? Li prendono dai polpacci? Ma lì è un casino perché sono peli molli. Ti vengono i baffi come gli schnauzer, che quando bevi sgocciolano per mezz'ora. E se li prendi altrove è ancora peggio.

Nel corpo umano ci sono molte cave da cui estrarre pelame: le orecchie, per esempio; voi uomini avete dei cespugli di ginepro. A qualcuno se lo guardi di profilo vedi proprio come un polpo uscire dalle rocce. Se vai a prendere quelli delle ascelle, che sono tutti storti, ti vengono i baffi a paglietta per lavare le padelle, e poi dai dei baci abrasivi. L'unica sarebbe prenderli là. Nella foresta dei lunghi coltelli. Che ce n'è sempre in esubero. Solo che poi li riconosci, son peli diversi, non c'è niente da fare. Ti vengono i baffi di astrakan, tipo pastrano del Dottor Zivago. Scelta discutibile? Bah, con tutte le facce da culo che ci sono in giro, almeno si fa la parure.

Il silenziatore di puzzette

Uno pensa sempre che il fondo del barile lo si sia raschiato tutto, ma non lo si raschia mai fino in fondo. Faccio il giro largo. Parliamo di una nuova invenzione che arriva dalla Cina. Destinata soprattutto ai maschi, ma anche le donne possono non disdegnarla... Di cosa si tratta? Di un silenziatore. Un silenziatore per cosa? Per pistole? No. Per mitra? Nemmeno. Però per qualcosa che si spara. E cos'è che sparano gli esseri umani oltre alle cazzate? Arrivo al punto. Tenetevi forte. Un silenziatore per aria sonora intestinale. Tradotto: per puzzette.

Si chiama *Fart Silencer*, Silenziatore per... fart. Appunto. Un prodotto che mancava. Tutti noi ci siamo chiesti ripetutamente nella nostra vita: ma quand'è che inventeranno un silenziatore così che si possa sparare a tradimento come sicari? Le puzzette, diciamolo, sono un elemento di spicco, soprattutto nella vita di tanti maschi. Un valore aggiunto. Voi godete proprio. Vi vantate. Ridete. Fate le gare. Non c'è niente che vi faccia ridere di più di una puzzetta che rompe il muro del suono. Persino quell'intellettuale raffinato di Dante, essendo maschio, non ha resistito e nell'Inferno c'ha messo Barbariccia che del cul fece trombetta.

E com'è fatto questo silenziatore? mi chiederete. Sono pronta a rispondervi e a fugare ogni vostro dubbio. Nel caso voleste utilizzarlo. As sa mai.

È praticamente un tubettino di plastica colorata da infilarsi dietro. Tipo supposta, però più grosso. Un mini tubo di scappamento. Tipo lo sfiato di un camino. Solo che invece di essere piazzato in alto è sistemato in basso. Avete presente il kazoo? Una roba del genere. Ma il kazoo quando ci soffi dentro fa *perepé* e questo fa il contrario, impedisce il *perepé*. Così, a occhio, non credo sia comodissimo. Sembra uno di quei tubetti per lo spazzolino da denti portatile, e anche se dalla foto non si capisce bene, mi auguro con tutto il cuore che sia più piccolo. Altrimenti avrà una clientela ristretta. No, dico... se fosse come la sordina dei tromboni piacerebbe a pochi. A qualcuno sì, ma si contano sulle dita di una mano. Di Topolino.

Comunque questo tubetto pare sia costruito con lo stesso principio dei silenziatori delle armi da fuoco. Molto bello, ma non sono sicura che sia pratico. Mi sa che devi stare sempre in piedi. Come il clarinetto nella banda... No, perché metti che ti dimentichi e ti siedi di colpo... ciao ninetta. Fa la fine di una supposta di Buscopan.

E non è tutto. Questo prodigio dell'inventiva umana non serve solo come silenziatore, ha anche una funzione attiva. Perché si svita e all'interno c'è posto per inserire un batuffolo di cotone impregnato del profumo che si preferisce. Così, oltre a evitare l'inquinamento acustico, lascerai andare nell'aere delle nuvolette di Chanel N°5 o Vetiver. Quindi, grazie al *Fart Silencer*, farsene scappare una non sarà più una vergogna, ma un pregio sociale. Così, magari prima di uscire e di andare al Regio, il marito premuroso chiederà: "Mmh... Paco Rabanne? Ti sei messa due gocce di profumo dietro le orecchie, amore?". "Non esattamente" risponderà la dama della buona borghesia. "È che ieri ho mangiato le cozze..."

Jingle balls

Sono l'unica in tv che non si è rifatta. Infatti sono l'unica che invecchia. Un fenomeno che ha dell'incredibile. I direttori della fotografia non si danno pace. A breve Giacobbo farà una puntata speciale su di me. Anche Clooney, Giorgetto, in un'intervista ha dichiarato che non si è mai rifatto, nonostante sia un divo di Hollywood, niente lifting né botulino. Però, c'è un però. Si è fatto un intervento agli amici di Maria. Dice che si è fatto il *ball ironing*, cioè un lifting, non proprio alla faccia, leggermente più in basso, volete che vi traduca *ball* o ci arrivate da soli? Un lifting non alla faccia ma alle basse sfere, che c'è da dire che in molti uomini le due zone coincidono... Sarà stata la Canalis che gli ha fatto cadere i maroni? Si vede che a George sono andati troppo giù e se li è fatti risalire di un piano. Sai, gli attori bisogna che siano sempre in ordine, non come i muratori, che se hanno gli amici di Maria sravanati se ne fregano... Metti che Tarantino gli chieda, che ne so, di fare il protagonista in *Che palle mister Jones*, lui è a posto.

Insomma Giorgione non era a suo agio. Si tormentava pensando: "Ma che due balle a pergamena, che ho... cosa posso fare?". Poi un giorno si è tirato su le braghe, e s'è detto: "Imagina, pueoi", e si è rifatto i carapaci. Però io dico: ti sei fatto stirare le pigne? Le noci di Macadamia? Perfetto. Non può questa cosa restare nel tuo intimo? Non può essere un segreto che rimane tra te e le tue mutande? George? Di te ci importano un mucchio di cose: la tua bravura, il tuo talento, i tuoi amori persino, ma sei sicuro che sentirti dichiarare che hai le palle asfaltate ci mandi in visibilio? Non penserai mica che le donne se ne accorgano! Che quando ti vedono smutandato ti dicano: "Oh, che belle balle... complimenti...".

A quelle due robe lì noi non facciamo neanche caso. Quando parte la sinfonia di Beethoven noi stiamo attente, diciamo... al solista. Se parte il Flauto magico, noi guardiamo lui, non le due ballerine che tengono lo strascico. Tra l'altro in quella zona lì, a occhio e croce, pur non essendo del mestiere, non dev'essere facile fare un lifting... è molto rischioso... metti che facciano uno stiramento eccessivo, quando sorridi poi ti salgono al posto delle adenoidi; senza contare che, quando girano, se sono troppo tese rischiano di uscire dall'orbita... Ma poi devi fare attenzione a tirar su tutto allo stesso livello, se no finiscono come le pigne del cucù, una più su e l'altra più giù. Ora sai cosa farei, oltre al *ball ironing*, se fossi Giorgio? Mi farei mettere pure i campanelli. Uno di qua e uno di là. Quando cammini suonano. L'intervento si chiama *Jingle balls*. What else?

Tracce di Ikea nel DNA

Parliamo della Roby. La Roberta Pinotti, ministro della Difesa. È andata anche lei all'Ikea con la scorta, come la Finocchiaro l'anno scorso. Finocchiaro e Pinotti. Posso fare un appello? Ma quelli dell'Ikea non possono aprire una succursale in parlamento, così ci leviamo il pensiero? Allora, vi spiego. La Pinotti sabato scorso era a Torino, è andata all'Ikea a fare spese, è passata dalle casse veloci, quelle in cui ti fai tu il conto da sola, e al momento di uscire un addetto alla sicurezza l'ha fermata per un controllo antitaccheggio.

Niente di strano. Solo che a uno dei sei della scorta è partito l'embolo. E dico solo sei, numero dei lati dell'esagono, sei, numero delle facce del cubo. Insomma. A questo è partita la briscola e gli ha detto: "Lasciala andare, siamo di fretta, sono un carabiniere". Il controllore non ci ha visto più ed è scoppiata una bella zuffa del casale, un sontuoso parapiglia che la Pinny ha dovuto sedare a colpi di mestolo Lünfa.

Ora, io dico... c'era un ministro della Repubblica che, per una volta, si era comprata dei mobili coi suoi soldi, si era passata gli articoli alla cassa da sola, capendo addirittura come funzionano quegli stramaledetti lettori ottici dei codici a barre, che uno come Scilipoti, per dire, non ci sarebbe mai arrivato (lui è uno che rimane incastrato coi piedi sui gradini delle scale mobili), in più c'era un vigilante talmente ligio che faceva il suo controllo senza neanche rendersi conto di chi aveva di fronte... mi spieghi allora perché deve sempre arrivare qualcuno a stracciare i maroni?

E poi che discorso è: "Siamo di fretta"? Minchia, Renzi rilancia di mille giorni in mille giorni, e un ministro non può aspettare due minuti per un controllo a campione? Comunque abituatevi. Per le donne andare all'Ikea è proprio un'esigenza fisiologica. Abbiamo tracce di Ikea nel nostro DNA. È più forte di noi: siamo attratte dall'Ikea come le falene. Se mettessero una rete elettrificata tutto intorno all'Ikea, si sentirebbe *krrik krak prack*... come nei ristoranti d'estate il rumore dell'ammazzazanzare elettrico. Puoi fare tutti i mestieri del mondo: la manager, il ministro, il pilota, la suora... all'Ikea ci vai comunque. Se ci fosse stata l'Ikea a Parigi ai tempi di Maria Antonietta, per tagliarle la testa dovevano andare a cercarla là. Ma anche Anita Garibaldi, Evita Perón, Ipazia e Pocahontas: tutte donne da Ikea. Anche Cleopatra, tutto il tempo all'Ikea a cercare il porta-serpenti Sbornia. Al signor Ikea dovrebbero dare il Nobel per la scoperta dell'"orgasmo femminile in assenza di contatto".

Noi, amici, viviamo fortemente di domande tipo: "Dove la potrei mettere questa bellissima scarpiera a forma di naso di Amadeus che da quando l'ho vista non posso più vivere senza?". Persino le matitine di legno, le usiamo come bigodini. Per cui fatevene una ragione. Comunque, posso dire? A me avere un ministro della Difesa che, invece di guardarsi i video dell'Armata Rossa e leggersi le istruzioni degli F35, va all'Ikea a comprare un comodino Plunfa per la figlia mi rasserena. Mi dà un senso di sollievo.

E poi mi chiedevo: se tu hai la scorta e devi andare all'Ikea che fai? Li mandi via? Li semini come nei film? Ma poi hai idea di quanto pesano i mobili, se te li devi trasportare da sola, tu senatrice o ministro ma pur sempre donna, e di stazza non colossale? Ma se ce li avessi io sei uomini di scorta da portarmi all'Ikea... Certo, magari sei sono un filo troppi, Roberta, su questo bisogna che ci ragioni. Sei sono una mezza dozzina. Fanno già squadra d'assalto. Se ti devi comprare un armadio quattro stagioni, allora sì. Sei vanno bene. Ma per una lampada Pomp ne basta mezzo. È poi a casa, che ci vogliono due plotoni della folgore, Roberta. Quando è ora di montare.

Frankienergy... forever

Un mito papa Frank. Papa Francone. Frankienergy. Sai che io lo farei già santo? Non fosse papa me lo sposerei. Voglio diventare una papa boya. Secondo voi vestita da suora come starei? Dico che sono dell'ordine delle suore di Maria de Filippi. Una carmelitanina storna che porta colui che non ritorna. Ho solo paura che con la gonna lunga, non essendo abituata, pianto un piede nell'orlo e vado lunga.

Sai perché mi piace Franky? Perché taglia corto. Fa le prediche brevi. Più corte di così finisci nei Baci Perugina. Ci sono dei preti invece che ti fanno certi pipponi... Una predica non può durare come una puntata di Montalbano. E senza neanche gli spot in mezzo. Tu sei lì che li ascolti in piedi e senti proprio che le ossa si fanno molli, ti cedono le giunture, ti si fiaccano i glutei; poi ti distrai, la mente vaga, se il prete ti sta raccontando delle nozze di Cana ti viene in mente che anche tu devi imbottigliare il vino.

Invece lui dice due o tre robe fighe poi bon. Chiusa la pratica. È riuscito persino a dire alle suore: "Siate madri e non zitelle", la frase che la monaca di Monza ha sperato di sentire per tutta la vita. Hai capito il Franco tiratore? Spara dei rigori a porta vuota che a Eminems secondo me trema la tonaca. Le Carmelitane l'hanno già preso alla lettera e hanno detto che non saranno più scalze ma in décolleté mezzo tacco.

Posso fare un appello, Franky? Già che ci sei, fai togliere il velo nero alle monache, che in agosto alla fermata del tram ste povere donne si sciolgono come la liquirizia purissima. Se proprio devono avere qualcosa sulla capoccia, allora mettiamogli la retina per tener fermi i bigodini, così sono coperte ma almeno circola l'aria. Tanto tu te ne freghi dei protocolli e fai quello che ti pare.

A proposito, volevo chiederti un altro favore. Papo? Papa Cecco? Lo capisco che vuoi essere libero di muoverti e di andare dove ti pare e piace, ma pensa anche un po' a quelli della tua scorta. Anche loro sono creature di Dio... girati... guardali. Sono stravolti. Se continui così non mangiano il panettone. Ti devono marcare a uomo come fa Chiellini. Ti fissano il gioco di gambe per vedere da che parte scarti. Cerca di capire, Franky. Ratzy era un micio, dove lo mettevi stava. Lo appoggiavi sulla sedia ed era capace di star lì delle ore. Si è mosso veloce solo quella volta che gli hanno dato uno spintone, e lì sì, è volato in avanti a velocità supersonica. Tu più che gatto sei topo. Un rattone. Ti devono pestare la coda per tenerti fermo. Franky, saluta le prime sei file di fedeli, baciane un paio di dozzine, poi però fermati, che a Ostia a piedi ci vai un'altra volta. E poi rassegnati, tanto la papamobile non te la fanno guidare. Approfitto per chiedere a Frankienergy ancora una cosa: Imu niente? Oltretutto adesso in Vaticano ci vivono due papi... avranno subaffittato?

A proposito, povero Ratzy, se la sono presa anche con lui. Gli hanno detto che si è dimesso perché sotto c'erano dei trighi, che gli ha fatto pressione la curia. E lui è caduto dal pero. Si è dovuto addirittura scrivere la giustifica, poveretto. Ma possibile che nessuno pensi che, magari, un signore che ha passato gli ottanta non ha più tanta voglia di tirare le colombe dalla finestra, circondato dalle guardie svizzere con l'alabarda vestite come i giocatori del Genoa? Mica è sempre carnevale.

Gli hanno persino chiesto come mai non ha cambiato nome e non è tornato a essere Ratzinger invece che Benedetto. Ma che senso ha? Totò quando ha smesso di lavorare non è ritornato a farsi chiamare De Curtis. Ma il top è stato quando gli hanno chiesto: "Come mai, Santità, anche dopo che si è dimesso ha continuato a mettere l'abito bianco?". E lui ha risposto: "Per praticità".

Allora. Qui avrei da fare un piccolo appunto al nostro caro ex papa. Ma come praticità? Una palandrana bianca che arriva per terra con trentatré bottoni? Di più complicato da indossare c'è solo la guêpière. Oppure una cuffia di Swarovski e giacca e pantaloni di marmo. Io con l'abito lungo inciampo un passo sì e un altro pure. Ma poi bianco! Pensa a tavola coi bucatini all'amatriciana: a ogni risucchio ti arriva una sventagliata di sugo anche sugli occhiali. Immagina il papa che mangia gli spaghetti al nero di seppia... Capisci che fa subito dalmata? È il bianco, che impegna! Quanto sono bastarde le tovaglie bianche? Io vorrei chiedere alla Zucchi di fare le tovaglie bianche già macchiate di vino e con gli aloni di almeno due caffettiere. Secondo me ne venderebbe a palate.

È anche vero, però, che non è mai esistita una divisa per papi in pensione. Toccherebbe chiedere a Enzo Miccio, quello di "Ma come ti vesti?!", di idearne una apposita. Secondo me Joseph starebbe bene semplice: un bel paio di jeans, della Jesus magari, e la felpa di Lapo con scritto FIAT. Poi lui ci aggiunge sotto a pennarello "Voluntas Tua". Comunque, ahimè, bianco dev'essere bianco, altrimenti se si mette un maglione nero si confonde con Marchionne. L'importante è che sia comodo. Per esempio una tuta con la cerniera lampo tipo i Teletubbies gli starebbe da dio. Che detto per un papa è il massimo. No, perché lui ci tiene, non come papa Frank che se ne frega.

Frankienergy si mette la prima cosa che trova e pedala. Sarebbe capace di mettersi addosso un sacco di iuta con su scritto: CAFÉ DE COLOMBIA o POSTA AEREA. Io solo le scarpe gli invidio. Comodissime. Due vaporelle da tre chili. Certo, lui deve camminare in una valle verde perché non sta fermo un minuto. Poi telefona di continuo. Più di mio figlio.

Non passa giorno che non ci sia qualcuno che dice: "Mi ha chiamato il papa...". Oramai stiamo tutti in campana: io una volta quando vedevo sul display "sconosciuto" non rispondevo, adesso rispondo subito e dico: "Pronto, Santità?". No, ma poi metti che lui ti chiami e tu hai la roba sul fuoco? Che fai? La lasci bruciare... Non puoi mica dire al papa: "Scusi, Santità, richiami perché ho il brasato che si sta asciugando".

Noi non siamo abituati. Franky si mischia con la gente, Ratzy si mischiava con l'ermellino... Questo va in Brasile, invece di salire sull'elicottero prende la macchina e il traffico va in tilt, fa le foto per strada, beve dalle lattine dei fedeli in piazza San Pietro. Come gli gira parte e va. Ma possibile che non ci sia una via di mezzo tra ricevere la gente seduto sul trono in sala Nervi, vestito come Assurbanipal, come facevano quelli di prima, e fare come lui, che se un giorno gli viene l'idea te lo ritrovi in piazza Venezia a dirigere il traffico col cappello da vigile al posto della papalina?

Franky? San Francisco? Attenzione... Non è che per forza ci dev'essere un turco che ti spara: anche bere dalla lattina di uno che non conosci può diventare un casino, basta un sorso. Guarda Socrate: non è che si è scolato una media di cicuta... se n'è fatto un dito ed è bastato. A meno che, senti che idea, Franky non faccia direttamente il testimonial della Coca-Cola. Chiede dieci miliardi di euro e con quei soldi crea posti di lavoro in Sardegna. Si fa fotografare con una bottiglia di rum nei peggiori bar di Caracas e risolve il debito pubblico del Ghana.

Papa Ciccio. Frankienergy... forever. Grillo ha detto che il papa è grillino. Bah. A me non risulta che abbia mai mandato "affan" qualcuno dalla finestra dell'Angelus e neanche che abbia attraversato a nuoto l'acquasantiera. Sì, è vero che anche lui ha un amico coi capelli lunghi, ma non è Casaleggio, è Gesù. Francesco è l'esatto contrario di Grillo: Frank sta ribaltando il Vaticano parlando a bassa voce, ha istituito una squadra d'assalto contro i preti pedofili; l'altro urla come un'aquila ma Montecitorio è ancora lì, al suo posto, senza neanche una crepa.

Ha persino raccontato che lui da giovane ha fatto il buttafuori. Pare che prima della vita eterna si sia occupato della vita notturna. Ma tu te lo vedi Frankienergy con l'auricolare, il chiodo e il sopracciglio tagliato? Se lo sa Briatore lo assume per il Billionaire... Chissà se faceva alzare gli ubriachi dicendogli "Alzati e cammina"! Secondo me ha scoperto di avere la vocazione quando invece che andare alla Febbre del sabato sera andava alla Novena del venerdì santo.

Sai chi mi ricorda Frank nel fisico e nello spirito? Fernandel, quando faceva don Camillo. Solo che a noi manca il Peppone, uno con gli attributi. Guarda, se non lo fosse già, Bergoglio lo farei papa. Pensa che quando faccio una cosa ben fatta non dico più che sono orgogliosa di me, dico che sono Bergogliosa.

Il piumino d'Oki

La Moncler, quella che fa i piumini fighi, si è quotata in borsa. Pensate. L'avreste mai detto? Vuol dire che le aziende italiane sono in recupero. C'è almeno un prodotto che va forte e non ha bisogno delle marce degli agricoltori al Brennero. Ecco. Allora volevo chiedere una cosa: avete mai cercato di comprare un piumino in dicembre? A me è capitato, visto che al mio si era rotta la cerniera... Sapete che quando si rompono le cerniere lunghe dei giacconi è una tragedia, quasi quanto spaccarsi un femore.

Vado in un negozio solo di piumini, un piuminificio, perché mi sono detta: lì lo trovo di sicuro e non devo girare mezza Torino. Entro. Tutto megafigo. Anche i commessi belli, gentili e morbidi come piume. Uno mi dice: "Guardi pure su questo iPad... se scorre vedrà tutti i modelli... poi sceglie quelli che le piacciono e io glieli faccio provare".

Perfetto. Mi metto lì col ditino *frttt frtttt* e decido: "Questo, questo e questo".

"Ok." Torna mortificatissimo. "Mi spiace, finiti."

Uff. Rivado col dito. "Allora questo e questo."

Ancora più mortificato. "Niente."

Riprovo. "Allora, se proprio non ha niente, magari *frrrttt*... questo."

"Ah, no. Questo proprio no. Al limite se vuole abbiamo questo", e tira fuori un rabadan tristissimo che più che un piumino è una giacca grassa.

Dico: "Ma arriveranno?".

"Eh, no. Purtroppo no. Sa, gli ultimi sono andati via a settembre."

"A settembre? Ma a settembre giravamo con le infradito!"

"Eh, sa, la gente il piumino lo compra in luglio e agosto." Luglio e agosto? Ma siamo un mondo di decerebrati allora, decerebrati che non hanno un cacchio da fare e in ferie si comprano la giacca di piuma. "Ma se lei viene a luglio ne trova quanti ne vuole." Ma io a luglio mi compro le pinne, abbi pazienza! Possiamo fare dei negozi che vendano le cose con un briciolo di buon senso? In inverno i giacconi e in estate i bikini? E soprattutto, tu che sei un piuminificio per eccellenza, com'è possibile che a dicembre non hai più piumini? Solo giacche fighette con le mezze maniche e l'ombelico di fuori?

Adesso fanno i piumini con le maniche corte. Perché siamo un Paese di pazzi. Con le mezze maniche congeli dal gomito in giù. Ti si stacca proprio l'arto. Oppure vanno moltissimo di moda i piumini leggeri, quelli che pesano un grammo. Ti dicono che tengono caldissimo perché sono fatti di piume d'oca consapevoli. Saranno anche perfetti per Siracusa, ma non per Torino nei giorni della merla.

Allora mi è venuta un'idea, che quasi quasi la faccio brevettare: perché invece di fare i piumini d'oca non li fate d'Oki? Ripieni di Oki, le bustine per il mal di gola, così ti porti avanti col lavoro: fai una cerniera all'interno e lo tiri fuori alla bisogna. Oppure fate i piumini vuoti. Come i sacchi dell'immondizia, e nel negozio mettete dei distributori di piume. Così tu vai lì, *prot*, ci soffi dentro e te lo fai all'occorrenza. Io, non essendo uno stilista che prepara la prossima collezione, vivo nel presente. Io ho freddo adesso, non a luglio. Perciò, negozi tutti riuniti, ricominciate a seguire le stagioni. Altrimenti non lamentiamoci che la natura è sconvolta. Mettetevi nei panni di una rondine: arriva qui con la bella stagione, vede le maglie di cashmere, i piumini e i pile nelle vetrine e pensa: "Minchia, mi sono sbagliata, è dicembre!", e se ne va. Non è che possiamo mandare le rondini dallo psicologo, o no?!

Du' is mej che uan

Notizia baggianissima. Un signore di Las Vegas, tale Mark Parisi, ha messo in vendita una parte molto particolare del suo corpo. E cosa? Adesso ve lo svelo. Un amico di Maria. Un testicolo. Per la bellezza di trentacinquemila dollari. Eh, già. Ha venduto la palla a un laboratorio scientifico. E ora glien'è rimasta solo una. Pensa che brutto. Lì, sola soletta negli slip, senza la compagna di merende: la solitudine dei numeri primi.

Fine delle visite congiunte alle jolande amiche. Sola. Come una palla che cade nel cortile del vicino. Tonda, solitaria e triste come il sole d'inverno. Io capisco ancora vendere un rene: è terribile lo stesso, ma almeno lo possono trapiantare a qualcuno; io però non ho mai sentito di un trapianto di balle, sinceramente. E allora con un testicolo cosa ci fanno? Il boccino per le bocce? Ci giocano a flipper? Non è che lo puoi vendere al Balon e sperare che te lo compri un collezionista.

Dicono che è per la ricerca. Ma l'unica cosa che puoi cercare è dov'è finito l'altro, secondo me. Comunque Markolone ha svelato il motivo. Ha venduto il suo tic tac, il suo sonaglio, la sua boule senza neige, per comprarsi la macchina. Ha barattato il suo gioiello dei paesi bassi con una Nissan 370, una macchina sportiva che qui da noi costa quarantaduemila euro. Ma ti pare? Mark, ma sei scemo? Di' la verità, hai venduto il cervello a un mercatino di Natale... E la prossima volta che vuoi comprarti qualcosa cosa fai, Mark, vendi l'altra palla? Baratti l'altro rognone? Se vuoi comprarti il garage, per dire, ti trasformi in Farinelli?

Tra l'altro pare che sto pirla di Mark tempo fa abbia anche fatto la cavia e si sia fatto inoculare a pagamento il virus dell'ebola, per cinquemila dollari... A questo punto vai avanti, Mark... secondo me, se insisti, per centomila dollari ti mettono a bagno nella centrale di Fukushima e per mille dollari puoi provare a vedere se ti passa il mal di gola con una supposta larga un metro e mezzo. E il bello è che lui fa anche lo splendido: "I dottori mi dicono che con un testicolo solo si tira avanti benissimo". Eh, certo. Anche con un occhio solo si vede, con un orecchio solo si sente, con un polmone solo si respira, ma se il Creatore del cielo e della terra ci ha dato due di tutto, un motivo ci sarà. Con due funzioniamo meglio, non l'avrà fatto solo perché gli piace la simmetria.

Se avesse voluto, il Creatore secondo te quanto ci metteva a sistemarti una palla sola e al posto dell'altra una Nissan? Se non l'ha fatto magari c'era un motivo... No, perché se ci pensi noi abbiamo molti organi doppi proprio in caso che uno si guasti. Perdi l'occhio in battaglia? C'è l'altro. Un intercity ti porta via un orecchio? C'è l'altro. Un rene non funziona più? C'è l'altro. Però, lì secondo me il Creatore ha toppato. Perché, scusa, se a un certo punto ti si guasta un rene, è vero che hai l'altro, ma è usato pure lui, è già cinquant'anni che fa da filtro. Se ci voleva dare i ricambi, ce li doveva mettere in magazzino ben imballati come le gomme termiche, e quando ne avevi bisogno andavi a prenderli. Così almeno mettevi su un pezzo che era nuovo. Ma mi sa che io di teologia non capisco un tubo.

Michelle Obama piastrata

Michelle ha cambiato look. Non la Hunziker. La dolce metà di Obama. Anzi, a voler essere pistini, il suo esatto doppio. Si è fatta la frangia con un caschetto nero liiiiiscio... che mi devono spiegare come fa, una nera, ad avere i capelli così dritti che non li ho neanche io che sono bianca come il Philadelphia. A me basta che pioviggini e mi viene la cotenna d'agnello. Lei, una frangia che cade giù dritta come le tende che mettono i macellai d'estate per non far entrare le mosche. Avrà assunto un parrucchiere a tempo pieno che glieli tira con una pariglia di buoi, oppure ha una piastra a energia nucleare...

Comunque l'effetto è stato notevole, quasi come quando è apparso Sandro Mayer a "Ballando con le stelle". Sai Mayer, il direttore di "Di Più"? Quello calvo con gli occhiali. Quello che fa la pubblicità al giornale e dice: "Questa settimana: Ibrahimovic s'è rifatto il naso oppure gli è salito il mento? Su 'Di Più'... Banderas e la gallina Rosita: vero amore? Su 'Di Più'. Balotelli dichiara: 'Pippa Middleton non è famosa solo per il lato B, ha anche un bel culo'. Su 'Di Più'". Bene. Adesso di punto in bianco ha sfoggiato una testa piena di capelli. Una cofana color castagna da far invidia a Ennio Doris e Ninetto Davoli...

Mayer ha settantatré anni, non è possibile che gli siano cresciuti di colpo... Sarà che sotto le stelle c'è più umidità e germogliano i bulbi? C'ha una testa di capelli rossi che sembra la Mannoia, ogni volta che lo inquadrano mi aspetto che si metta a cantare *Quello che le donne non dicono*. Sandro, scusa. Abbi pazienza. Hai passato almeno trent'anni senza capelli. Tranquillo e beato. E adesso, cosa ti è preso? Cosa hai pensato? "Perdo sempre più capelli, ne vorrei 'Di Più'"?

Ma col passare degli anni, uno non dovrebbe stare più attento al dentro che al fuori? E poi, scusa se mi permetto, Sandrino: le parrucche devono essere di un colore normale, color capelli, non il tupè di Geppetto. Non color tinta di soggiorno... No, perché altrimenti, a questo punto, tanto vale esagerare, Sandro. Fatti coraggio e spara alto: frangia davanti come la Hunziker in oro antico, e il resto color della maglia della fiorentina. Oppure banana gialla alla Balotelli su sfondo écru e colpi di sole color ventresca di tonno.

Vabe', ma per tornare a Michelle, pare che a suo marito piaccia tantissimo, infatti Barack in un discorso pubblico ha detto: "Amo Michelle, amo la sua frangia. Sta bene, sta sempre bene".

Capito? A suo marito piace sempre, è un fan, un estimatore, se fosse liquida se la berrebbe al posto del prosecco e se fosse solida, e Michelle lo è, se la ciupaciuperebbe in tutti i luoghi e in tutti i laghi... Due uomini ci sono così al mondo: Obama e Jovanotti. Due. Che dicono meraviglie delle loro mogli. Tutti gli altri sono dei mostri.

La media dei maschi manco si accorge che andiamo dal parrucchiere... dobbiamo prendere a testate l'armadio perché ci degnino di uno sguardo. Ma non una testata o due, almeno sette o otto, perché dopo le prime tre ti chiedono se qualcuno ha bussato! Ci vedono in trasparenza come i fantasmi. Se ci rasiamo completamente e ci facciamo una bella cresta al centro ci dicono: "Hai qualcosa di strano oggi... ma quel neo lì l'hai sempre avuto?". "Da quarant'anni, amore." I colpi di sole non li vedono neanche se glieli fai notare. "Guarda!" "Cosa?" "Il ciuffo più chiaro." "Ma dove?" "Sul culo, amore. Mi sono appesa una coda di volpe al sedere. Ho pensato di mettermela stasera per essere elegante alla cena di tua madre."

Si accorgono di qualcosa solo quando arriva l'estratto conto della carta di credito. Allora lì s'illuminano di immenso... Sono come i maschi cinesi che pare non dicano mai "ti amo". Yes. Il mandarino non dice mai *wo ai ni*. Il governo cinese è persino preoccupato. Quindi una cinese e un cinese cosa si dicono quando sono insieme? "Vuoi del riso cantonese?", "Passami la salsa di soja"? E poi alla fine della serata lui la ribalta sul tatami? Come da noi quindi. Tutto il mondo è paese. L'uomo recalcitra ovunque.

Io nella vita ho provato a dire "Ti amo". Mi è stato risposto: "Idem". Quindi potete immaginare quanto capisco le cinesi. A dire "Ti amo" e sentirmi rispondere "Fai bene" sarebbero venuti anche a me gli occhi a mandorla, la pelle color limone e la voglia di sakè.

S.O.S. Tata

Possibile che sia così difficile non strafare? Prendete Miss gambe lunghe in Russia. Si chiama Anastasia, ha origini siberiane e le sue gambe misurano 106 centimetri. Se dice: "Faccio due passi" arriva direttamente in Jacuzia. Praticamente Ana ha una gamba lunga come due Brunetta messi uno sull'altro. Se si incrociano sul marciapiede, Brunilde non deve neanche fare il cavaliere e spostarsi, le passa sotto...

Che poi in Russia diventare Miss Femore non è così strano. Da quelle parti, di cicognone, di pertiche ce n'è che versano. No, dico, fatemelo in Corea il concorso Miss gambe lunghe, che almeno è più strano. Se a Seul trovi una con due metri di gambe che non sia un'anaconda, allora sì che è una notizia, non in Russia, che ci sono solo delle sequoie, delle fenicottere rosa...

Forse in Siberia hanno le gambe così lunghe per tenere la jolanda più distante possibile dal freddo. Altrimenti nella steppa si congela. Comunque c'è da dire che Stesy in gamba è in gamba... è la classica "miss da manuale". Vuole fare l'avvocato, è impegnata per i diritti civili e ha deciso di devolvere il premio in beneficenza. Eccone un'altra. L'ennesima gnoccona che vuole dedicarsi al sociale. Che nervi. Ce ne fosse una, una sola, che una volta dichiara: "Sono felice di fare la Miss, la scuola mi ha sempre fatto schifissimo, menomale che ho le gambe lunghe come due colli di giraffa così non faccio una mazza se non darla via. Guarda. La voglio dar via come i coriandoli al carnevale di Venezia, come il pastone alle oche, la tiro nel mezzo e chi arriva arriva...".

Niente. Sono tutte delle madri Terese di Calcutta. Ma le bugie non avevano le gambe corte? Macché. Lei vuole fare l'avvocato. Infatti ha pubblicato la foto su internet nella classica tenuta da avvocato civilista: minigonna giropassera, ombelico cabriolet, labbra a cul de coq, culo di gallo. Ghedini. Uguale.

E ora un altro momento di riflessione. Parliamo di Lady Tata. Della Tatona. Miss Tatangela ha rilasciato una succosissima intervista a "Di più" dove racconta di sé, di Gigione D'Alessio, del loro grande amore, e dice che quando hanno scoperto di amarsi profondamente hanno deciso di fare il grande passo insieme. E io pensavo: avranno acceso un mutuo, si saranno sposati col rito pellerossa, avranno adottato un falco pellegrino...

No. Si sono fatti un tatuaggio. Pensa che passone. E dove se lo sono fatto questo ghirigoro d'amore? Sull'inguine. Vicino alla titina della Tatangelo e al gigino di Gigi. E cosa si sono tatuati? Allora. Siccome battibeccano come pazzi, come tutte le coppie che stanno insieme da anni e fanno un po' come Gatto Silvestro e Titti, si sono fatti tatuare lui Titti e lei Gatto Silvestro. Sull'inguine. Ma che ridere. Almeno fosse stato il contrario! Lui doveva farsi tatuare Gatto Silvestro ma di schiena, così la coda corrispondeva esattamente... Oppure si faceva tatuare una scritta: S.O.S. TATA, così nei momenti di tripudio ormonale si poteva calare la mutanda e l'S.O.S. TATA lanciava il messaggio molto chiaro.

E lei anche. Per ricordarsi dell'amore di Gigi doveva farsi stampare Topo Gigio. Sulla gigia. Chi ci rimette di più è il povero Gigi che sulla patta c'ha Titti, un altro uccellino: non ha più un pube, ha una voliera. Comunque il connubio è perfetto. Pensate quando la sera a letto Titti e Gatto Silvestro s'incontrano... si sente la sigla dei cartoni della Warner Bros!

Jasmine Tretette

Sentite qua che notizia barbisa. Negli Stati Uniti, a Tampa in Florida, una ragazza s'è fatta impiantare un terzo seno. Non gliene bastavano due, ha voluto di più. Adesso ne ha tre, come le spine dell'aspirapolvere. Le Siemens. Chissà quando va in macchina dove farà passare la cintura di sicurezza, mi chiedo. No, perché tre tette sono scomode. È come quando si è in tre in ascensore, che non sai mai come metterti: di piatto, di sbieco, stretta in mezzo.

Tra l'altro l'ho vista: la sua dotazione di serie era già niente male. Non è che avesse due nocciolini di Chivasso, aveva già di suo due bei pandori, ma si vede che ha pensato che non bastassero. A me succede coi meloni: viene gente a cena, vuoi fare prosciutto e melone, di meloni ne basterebbero due, ma alla fine ne prendi tre per sicurezza. Lei si chiama Jasmine Tridevil. Tri-devil adesso. Prima, con solo due tette, forse si chiamava Bi-devil...

Comunque ha detto perché l'ha fatto, perché ha sganciato ventimila euro per farsi mettere la tetta di scorta... Un cacchio di perché lo deve avere una per farsi montare una tetta in più, no? Bene, Gelso ha detto che lo ha fatto per non piacere agli uomini. Attenzione. Non Piacere.

Allora. Amica mia? Amica Gelso? Guarda che, se davvero non volevi più piacere agli uomini, non dovevi aumentare il numero delle tette, dovevi levarle, se mai. Ti hanno mai detto che agli uomini le tette piacciono come le carrube agli asini? Ti sei mai accorta che gli uomini dalla terza in su non guardano più in faccia ma a mezzo busto? Se volevi piacere meno potevi dare una nasata nel muro da sola: era gratis e levava incanto alla figura più ancora che farsi montare la tetta di scorta, sai? Scusa, a uno cui piace la pastasciutta, se gliene aggiungi una forchettata nel piatto, gli fa schifo secondo te? Non vuoi piacere agli uomini? Basta che dimostri di essere intelligente. Se ci riesci, vedi che ti schinano che è un piacere.

Gli uomini con le tue tre tette vanno in godimento, perché hanno più da maneggiare. È come la tv digitale: ci sono più canali... Anzi, siccome con tre tette rischi di capottare in avanti, ascoltami: per controbilanciare ti devi far montare anche una terza natica. E se ti fai impiantare anche sei jolande, ti assicuro che parte il delirio del Maracanà. Così se ti viene la voglia puoi accontentare i sette nani tutti insieme. Comunque, questo genere di operazioni sul corpo potrebbe avere un grosso successo in Italia: pensa quanti politici si farebbero impiantare altre chiappe... per occupare più poltrone?

Popò Chanel

Spostiamoci niente meno che in Indonesia. Sapete viaggiare fino in Indonesia con l'immaginazione, o arrivate solo a Poirino? Allora bene. Due svicissime ragazze indonesiane hanno vinto il premio alle Olimpiadi della scienza indonesiana. E per cosa? Non per i bosoni cari alla Gelmini, non per le cellule staminali o per gli studi sulla volta celeste, ma perché hanno inventato il profumo fatto con la cacca. Fate pure di me carne da cannone, ma questo è capitato e di questo io parlo. Diritto di cronaca. Sarà colpa mia se la gente fa cose strane e se la cacca è protagonista del nostro secolo? Prima nelle torte, poi nelle regine, adesso nei profumi. Si tratta di un profumo per ambienti molto alternativo, amico della natura e delle mucche. De Andrè dal letame faceva nascere i fior, le indonesiane fan nascere lo Chanel. Tie'.

Tra tutte le cose profumate che ci sono in natura, ste due gine hanno raccolto il letame di origine bovina in un allevamento e l'hanno lasciato fermentare per tre giorni. Eh, certo, perché fresco si vede che puzzava troppo poco. La busa appena fatta aveva poca fragranza. Poi hanno estratto l'acqua dal letame, l'eau de merde diciamo, hanno provato con due gocce dietro l'orecchio per sentire l'afrore e si sono dette: "Manca qualcosa". Pensa che ti ripensa hanno trovato la soluzione: l'hanno mescolata con latte di cocco.

Secondo me per via dell'assonanza, perché "cocco" ricorda la "cacca". Infine il liquido è stato distillato per privarlo di tutte le impurità, e voilà, il Popò Chanel. Ma come ti viene in mente? Loro dicono che con questa lavorazione la cacca di mucca non sa più di cacca ma delle fragranze di erbe che la mucca ha mangiato... Ho capito. Posso immaginare. Ma prendere le erbe dall'inizio, no? Vai in montagna, vedi cosa mangia Carolina e poi ci fai il profumo. Raccogli genepì, tarassaco e genziana, li frulli, li distilli, ci aggiungi due petali di stella alpina e almeno eviti un passaggio. E poi siamo sicuri che è un buon modo di profumare l'ambiente? Voglio dire, se lo spruzzi nel bagno dopo che tuo figlio è uscito, cambierà davvero qualcosa?

Comunque una cosa è certa... di materia prima ce n'è tanta tanta: montagne. Sembra che la voce si sia sparsa e che le vacche di Pragelato adesso se la tirino. Fanno la cacca col contagocce e ti guardano con gli occhi sgranati di Mughini... Io come testimonial vedrei bene Lady Gaga. A ogni modo, pare che il profumo sia buono, ma c'è una controindicazione: attira tanto le mosche.

Il pane tre stelle Michelin

I nostri politici hanno fatto un'inchiesta e hanno scoperto una cosa pazzeschissima: per coniare le monetine da un centesimo lo Stato italiano spende la bellezza di 4,5 centesimi, per coniare quelle da due centesimi ne spende 5,2. Cioè, una moneta, che vale uno, costa allo Stato 4,5 volte tanto. Pare che in dieci anni questo scherzo ci sia costato ben 188 milioni di euro. Siamo pazzi. Sai che quando Vendola l'ha saputo ha minacciato di gridare forte la parola "sassofono" e allagare la Zecca di Stato? *Sasssssoffffono...*

Poi per carità, voi lo sapete, se c'è da scassare l'anima allo Stato per gli sprechi, io sono una scassinatrice professionista, però riflettevo: è vero che fa spavento pensare che un centesimo ne costi più di quattro, ma è anche vero che il centesimo viene usato infinite volte, capisci? Cioè: amici di Sel e marchesi del grillo, una moneta non è che si usa una volta sola! È come il martello. Costa cinque euro, ma già solo se pianti dieci chiodi in casa per attaccare i quadri, hai ammortizzato la spesa. Piuttosto vale la pena chiedersi se sia il caso di spendere tutti sti soldi per fare i centesimi, sti cacchi di centesimi che li schifano tutti. Non li vuole nessuno come la salma di Priebke. Ma risparmiamo sti milioni di euro! I centesimi te li tirano dietro persino per l'elemosina. I figli se gli lasci il resto degli uno e dei due li buttano nell'indifferenziato, le macchinette del caffè li sputano, quelle dei parcheggi pure; si infilano ovunque, nei buchi delle tasche, nelle fodere, nei risvolti...

Gli unici che li usano ancora sono i panettieri, loro sì che sono i veri sacerdoti degli spiccioli. Che ti vendono il pane e fa 1 euro e 27, e ti tocca impazzire scavando il portamonete coi polpastrelli e tirar fuori i centesimi con le pinzette delle sopracciglia. Adesso però pure loro si son fatti furbi. Vendono il pane che costa come il filetto e così risolvono il problema del resto. Perché ora van di moda le panetterie fighe. I fornai Louis Vuitton. Non sono più panettieri, sono scultori della farina. I grissini li modella Giacometti e le pagnotte le scolpisce Cattelan, se hai gente a cena non ti basta il plafond del bancomat. Tu entri e te ne fai minimo per quindici euro. Una volta c'era il pane normale, quello integrale e, proprio quando volevano fare i fighi, quello ai cinque cereali. Adesso ciao. C'è il pane tre stelle Michelin addizionato con la qualsiasi. Pane di farro con piume di struzzo, grissini guarniti con squame di pangasio, pane di kamut pestato a testate al sale dell'Himalaya, pane integrale ma cotto sugli scogli di Alassio, pasta all'uovo di Rosita tirata col mattarello di Banderas...

La baguette te la vendono al metro come la vigogna. E con lo stesso prezzo. Che manco la puoi tenere sotto l'ascella come i francesi, la devi portare a mo' di torcia olimpica, come una majorette. E non ti venga mai in mente di comprarti un pezzo di pizza. Perché per quella devi fare un mutuo. Già, perché si sono estinte la pizza rossa e quella bianca. C'è quella "pinoli, feta e melograno", o "toma, tomino e timo", o "zucca, pizzoccheri e zucchine", che te la incartano nelle scatolette di raso con la garanzia di Tiffany e costa come un bilocale a Mirafiori.

Lo slalom della Torino-Milano

Pare che l'autostrada Torino-Milano non riusciranno a finirla per l'Expo 2015. Sai che novità. Ogni tanto ci dicono che una roba non riusciranno a terminarla per il 2015. Autostrada no, stand no, padiglioni no... se avessimo chiesto a quelli che fanno il mercato a Chivasso, nel giro di una settimana avremmo avuto già tutti i banchi montati. Io vorrei sapere cosa ci sarà nell'esposizione del 2015. Niente credo. Uno stand di mortadella, uno di sfilacci di maiale e Mastrota con una pentola in mano. Sarà una specie di Mercato della Crocetta. Di Gran Balon. Ma scusa, arrivano da tutto il mondo e cosa vedono? Due muri di cartongesso e un grappolo di salsicce buttate per terra? Ma non si può andare a prendere tutti quelli che in questi anni hanno avuto responsabilità, da Formigoni in giù, e metterli a stendere il catrame bollente con la lingua? Altrimenti guarda: siamo ancora in tempo a esportarlo. Esportiamo l'Expo. Ridiamolo alla Turchia. Che lo facciano a Smirne.

Torniamo alla Torino-Milano. Se va bene la finiscono per il 2017. Allora, i lavori sono iniziati nel 2008. Sono passati sei anni e nove mesi. E attenzione, non è che dovevano disboscare, bonificare o segare una montagna... no no, dovevano solo aggiungere una corsia a quella che c'era già. Se avessimo chiamato i giapponesi, in un anno avrebbero fatto un'autostrada a tre strati come un rollino di sushi.

Su centoventisei chilometri di autostrada ce ne sono cento di cantieri. E non solo. È una pista da bob. Di autostrada vera ne fai ventisei, gli altri sono a imbuto, a collo di papera, a slalom di biscia, senza parlare dei cambi di corsia. Io devo pagare tredici euro e novanta e devo sgusciare come un ratto nelle fogne di Parigi? Tredici euro per andare lenta come un intestino pigro? Senza contare che ogni due per tre freso lo specchietto contro i muretti di cemento armato.

Io quando vado a Milano mi porto i panini, la borraccia e la padella, che non si sa mai. Se mi va bene riesco ad andare a quaranta chilometri all'ora. A quaranta... coi cartelli con scritto: "Centotrenta all'ora". Perché li avete lasciati? Per prenderci per il naso? E dico naso per non dire culo. Anche i multavelox sono ancora lì, forse perché così uno li usa per farsi un selfie...

Che poi a star ferma in macchina ti rompi. Perché intorno non è che vedi rovine di acropoli, resti etruschi o mangrovie millenarie, che almeno il tempo ti passerebbe di più. No. Vedi cantieri, buche, tuboni e ferri storti. Ma vogliamo parlare di quando la chiudono la notte? Che compare la scritta: "Autostrada chiusa da Borgo d'Ale a Borga l'Oca". Per dire. E tu esci e ti trovi nel nulla. In posti mai sentiti. A Sbarembate. A Svirgola. A Pernambuco. Il paesaggio dei sogni quando hai mangiato pesante. Buio pesto e intorno solo risaie. Il navigatore satellitare piange. Il cellulare è senza campo. Ma con tanti campi intorno. Sei anni così! Senza contare gli anni precedenti, funestati di cantieri anche quelli. Ma come mai tutto sto tempo? Perché? Hanno dovuto costruire dei sottopassi per far passare le carpe da una risaia all'altra? Oltre che stendere l'asfalto lo stirano e lo profumano? L'unica cosa che funziona sono i caselli. Quelli funzionano benissimo. Minchia se funzionano. Guarda a volte il destino...

Averla piccola

Vorrei lanciare un appello. Per salvare un uccello. State sereni. Non si tratta di uccel di mutanda bensì di uccel di bosco. Un uccellino che si sta estinguendo. Appartiene alla famiglia dei passeri, per legge è vietato cacciarlo ma si sa che il mondo è pieno di dementi, e quindi il poveretto sta scomparendo. Tra l'altro uno s'immagina il passero solitario di Leopardi, invece questo è un passerotto bastardissimo. Al posto di prendere al volo gli insetti e masticarseli in santa pace come fanno tutti i pennuti che si rispettino, li infila sulle spine dei rovi e poi si fa il kebap. Fa come il conte Dracula con i turchi. Delle specie di spiedini di insetti.

Chissà se la femmina chiederà al maschio: "Amoreeee!?? Oggi il bruco lo vuoi con o senza ketchup?". Comunque, il suo nome latino è Lanius Collurio. E adesso vi dirò il nome in italiano. Siete pronti? Averla piccola. Ma come ti viene in mente, ornitologo mio? Sembra una categoria di YouPorn... Tra tutti i nomi che potevi dare a un'uccella la chiami "Averla" e in più ci aggiungi "piccola"? Ma sei scemo?

Anche per gli animali stessi è un imbarazzo. Sei una passera, ti chiami Averla piccola, ci sta. Sembra persino un complimento. Un vanto. Ma se sei un maschio, un passero, è mortificante. "Cip, piacere, Averla piccola." Ah, però. Bella sfiga. Per fortuna, il maschio ha a disposizione anche un secondo nome. Oltre che Averla piccola, il Lanius Collurio è detto anche falconcello. Meglio.

Tra l'altro mi sono appassionata alla questione e tremando sono andata a verificare. Perché nelle specie animali c'è spesso la misura. Mi sono detta: se c'è l'Averla piccola, ci sarà mica anche quella... grossa? Per fortuna quella grossa si chiama Averla maggiore. Anche gli ornitologi hanno un minimo di pudore. Tra l'altro l'Averla piccola è poi lunga diciotto centimetri; sono preoccupata per quanto può essere lunga l'Averla maggiore...

No Woman No Cry

In Italia siamo alla canna. Non solo quella del gas. Sì, perché al governo è partito il ballarò sulla legalizzazione delle droghe leggere... E il mondo della politica, sulla cannabis, s'è spaccato in due: chi è contrario e chi ne fa uso già da tempo... E tra quelli favorevoli, oltre a Vendola, e ad alcuni del Pd, c'è anche Fava della Lega. Sarà perché la marijuana è verde, come la Lega? In effetti io qualche sospetto sulla Lega ce l'avevo già avuto. Ogni volta che sentivo parlare Borghezio, mi chiedevo di cosa si fosse fatto. Però è strano... La Lega è gente tosta, gente che ce l'ha duro, sono più per le doppiette che per i cannoni... Ma tu te lo vedi Calderoli coi dread che canta *No Woman No Cry* sulla spiaggia a Maratea? Maroni che fuma la ganja e balla il mambo coi terun, Cota col chilum? Cota tra l'altro l'erba la metterebbe in conto alla regione. Verdi le mutande, verde la marijuana, per cui... Pontida diventa Woodstock e a forza di spinelli si ricrea la nebbia in Val Padana.

Poi bisogna distinguere tra legalizzazione e liberalizzazione. Liberalizzare vuol dire che ognuno si fa gli affari suoi, e anche in edicola o dal salumiere, se vogliono, ti possono vendere una canna da mezzo chilo... col droghiere che fa: "Sono sei etti, lasciamo?". Invece legalizzare vuol dire autorizzare la vendita solo in certi posti, e sotto il controllo delle leggi. Che è il giusto modo per combattere il narcotraffico e le mafie che si fanno i soldi sulla droga da anni. Con buona pace di Giovanardi. Avete visto cosa gli è successo, ironia della sorte?

Proprio a lui, che è un uomo così aperto. Soprattutto con i gay, che se potesse li sterminerebbe uno per uno. I finocchi li farebbe tutti al gratin. Be', sua figlia è andata a fare il medico in Sudafrica, è tornata e gli ha detto: "Papy, volevo solo dirti che mi sono fidanzata". "Bene. Con chi?" "Con un rasta." "Con chi?" "Un rasta. Quelli coi capelli come i pastori bergamaschi." Bon. Gli si sono sbriciolati gli occhiali. E poi lei ha aggiunto: "Ah, volevo anche dirti che non è proprio bianco". "No?" "No. È nero." *Sbadabam*. Gli si sono sovrapposti gli occhi come le canne di una doppietta. "Ed è anche già sposato. Tra l'altro con un uomo." E Giova si è ribaltato come uno scarafaggio e si è messo a pedalare per aria. Ma pensa: la figlia di Giova che si fidanza con un rasta nero sposato con un uomo. Mancava dicesse che era anche comunista. A momenti Giovi ci rimane. Come se Piersilvio dicesse a suo padre: "Sai, papà, mi sono messo con la Boccassini". O come se Marchionne facesse un figlio con la Camusso. È roba contro natura... Ma pensa il rasta?! Che va a casa da suo padre e dice: "Papà, mi sono fidanzato con la figlia di Giovanardi. Mi sono fidanzato con una che ha il padre di destra, contro i neri, che odia i gay e fa il politico!". Il padre del rasta gli avrà detto: "Smetti di farti le canne, uno così non esiste...".

A ogni modo, in Colorado, dove si vende dal primo gennaio, c'è la fila fuori dai negozi. Magari è anche un modo per creare nuovi posti di lavoro. Forse dovremmo smettere di fare gli ipocriti e legalizzarla anche noi... almeno potremmo dire che in Italia c'è ancora qualcosa di legale: l'ora e la cannabis! Che poi, se la legalizziamo, diamo anche una bella giustificazione per tutte le minchiate che vengono dette ogni giorno in politica... Per esempio, avete sentito cosa ha detto Razzi? Quello che ogni volta che parla in italiano muore un libro nella Biblioteca Nazionale di Firenze? È riuscito a dire che il dittatore coreano Kim Jong-un è un moderato... Uno che ogni due per tre dice che vuole sparare le atomiche, che ha fatto fucilare la fidanzata, ha fatto chiudere lo zio in galera e poi l'ha fatto sbranare dai cani... E allora Hitler chi era, Razzi? Un laico di centro-destra? Stalin faceva le purghe per dare una mano alla defecazione russa? Nerone dava fuoco alle città perché non aveva capito come funzionava il termovalorizzatore e Attila impalava le persone per farle stare con la schiena dritta? Non solo, ma Antonio Razzi ha detto che la Corea le atomiche non le ha perché lui non le ha viste, capisci? E ma, Antonio, le atomiche non è che le esponi, le tieni proprio in bella vista, quando viene qualcuno a casa tua le imberti. Io non me la prendo con te, Anthony, tu che colpe hai? Sono quelli che ti hanno votato che mi destano qualche perplessità. E poi ce la prendiamo con la cannabis...

Golden Pill

Notizia jingle bells, notizia che scende giù dal ciel lieve per dar la gioia a ogni cuor. Novità in arrivo dall'America, dove stanno spopolando delle pastiglie miracolose che si chiamano Golden Pill. E cosa sono ste Golden Pill? Sono delle capsule che, invece di essere ripiene di antibiotico, sono ripiene di foglioline d'oro a 24 carati. E non le prendi per la bronchite o per curare l'ascesso. No. Tu le mandi giù e loro cosa fanno? Fate due più due? Ti fanno fare la cacca dorata... placcata oro ventiquattro carati. Anzi, meglio dire ventiquattro cagati.

Probabilmente si chiamano Golden Pill perché indorano il PIL. Il prodotto interno lordo. Guarda che comunque è una splendida idea regalo! Tu la incarti e la fai trovare sotto l'albero... Quante volte a Natale abbiamo sentito dire: "Eh, mi hanno regalato una cagata!"? Adesso non è più detto che sia un male... Il problema è se hai la colite. Cosa fai? Il vello d'oro? Il manto dorato del principe di York? E si possono anche comprare su eBay. Costano solo 425 dollari. Potrebbe usarle Lady Gaga, che ha un nome che aiuta. Per essere ancora più trasgressiva si mette sul palco e gaga lingotti.

Ma io dico: come gli è venuto in mente? Con la gente che muore di fame, la ricerca che arranca, il pianeta che sta scoppiando, c'è chi si è messo lì e ha pensato: "Cosa manca di nuovo nel panorama mondiale? Ma certo! Come abbiamo fatto a non pensarci prima... la merda dorata".

Visto che avete avuto la bella idea di indorare la cacca, perché non studiate la maniera di fare i calcoli renali di diamante? Almeno sì, farai fatica a fare pipì, ma dopo ti puoi fare un collier. Siamo sicuri che gli americani vadano presi come punto di riferimento? Non si può confiscargli le atomiche? A gente che inventa come indorarsi la merda va messo uno stop. Almeno si potessero dare anche ai cani, che invece di fare cose normali fanno statuette da Oscar... Così di notte vedresti i marciapiedi che brillano come le stelle nella notte di San Lorenzo. E invece...

Tra l'altro su "Focus" hanno fatto un'inchiesta per capire qual è il cane che fa la cacca più grossa... "Focus" per me è un faro nella nebbia. È scienza, non stiamo parlando a livello di pettegolezzo. Dall'inchiesta risulta che in pole position se la battono alano e san bernardo. Che è quasi ovvio: san bernardi e alani è gente grossa con intestini lunghi come la Torino-Lione...

Ma vince... the winner is... l'alano. L'alano tornisce che è un piacere. Ogni botta spara dal mezzo chilo ai sette etti. Willy Wonka e la fabbrica di cioccolato. D'altronde anche il nome lo dice: ha l'ano. Ha l'ano e quindi lo usa. Per permettere a tutti di capire, è come se un alano scagazzasse due chihuahua al giorno, ecco, per fare le proporzioni.

Ma se l'alano vince le battaglie, il san bernardo si aggiudica la guerra, perché la fa più piccola ma più spesso, e alla fine dell'anno produce 180 chili in più dell'alano. Il peso di Platinette in...

Pensa sti studiosi che hanno dovuto fare l'inchiesta, poveretti... Uno si laurea, si sbatte, diventa ricercatore, per poi correre dietro all'ano di un alano con una bilancia... Certo spiace che la mia Gigia non sia competitiva. Lei pesa circa come un solo lascito di schnauzer, per cui figurati. Gigia ricama al confronto. Fa dei petits fours, dei dragées, dei nocciolini di Chivasso. Probabilmente in un anno mette giù quello che il san bernardo esprime in un paio di pomeriggi. Invece l'alano tira giù delle valanghe del Tibet. Dei boa constrictor. E lì per raccogliere è un casino... devi uscire con la pala da neve... la ruspa.

Sembra però che la dieta influisca. Le crocchette e i bocconcini fanno fare molta più cacca. Lo dico ai padroni dei cani: se gli preparate il pappone voi con riso, verdura, pollo o quello che volete, si riducono gli scarti. Lì dovete decidere: o lavorate di più prima a preparare, o lavorate di più dopo a spalare. Tutto sta dove preferite mettere le mani.

Barakkone

Obama è venuto in Italia. Non so se vi è arrivata sta voce. Obamone è venuto a trovare papa Frank, Renzi e il suo amico storico Napisan. Eh sì, perché lui è l'unico che regge, gli altri premier li cambiamo come le cartucce della stampante.

Roma era completamente bloccata, ma i romani non se ne sono manco accorti perché Roma è sempre bloccata, quindi cambia poco. E sono andati a prenderlo con l'auto blu, una delle poche rimaste. Ce lo fanno a fette con ste auto blu, eh? Ma quante sono? Centocinquanta? E quindi? Vorrai mica dirmi che vendendo le auto blu si risana il bilancio dello Stato? Ma se avranno quattrocentomila chilometri, le gomme lisce e i sedili con i buchi di sigaretta, chi vuoi che le compri?

Non sono mica come la macchina di Obama. *The Beast*. La Bestia. Il bestiun, sarebbe. Quando ho sentito dire "l'enorme bestia di Obama", ho subito pensato a qualcos'altro. Invece era la macchina. Sai che dei neri dicono che... il più normodotato ha un candelabro da chiesa. E il meno fortunato se fa pipì bagna le rose al vicino.

Ma l'hai vista? L'hanno fatta arrivare con un aereo apposta... Lunga cinque metri e pesante sette tonnellate. Con il motore di un camion. Se *The Beast* tampona una Panda non è che la rovina. La mangia. La divora. I vetri sono a cinque strati come i Boeing: se ti attaccano con le armi chimiche da fuori sei salvo; se però ti scappa una puzzetta dentro sei finito. Ci sono pure delle sacche di sangue dello stesso gruppo sanguigno del presidente. Pensa come deve viaggiare sereno...

Però diciamo anche che sta bestia non è che non si noti. Se un terrorista cerca la macchina di Obama la vede subito... è come uno con il walter fuori, non passa inosservato. Poi tutti a dire: ci sono un sacco di agenti segreti. Migliaia di agenti segreti. Ma sei scemo? Se lo dici, che ci sono gli agenti segreti, che segreto è? A cosa serve? Non è che James Bond, quando nei film entra in un locale, dice: "Salve a tutti, sono 007... vi tengo d'occhio, eh, non fate i paraculi!".

E poi Barack, Er Barakka, lo chiamano così adesso a Roma, è andato a trovare il papa. Quando l'ha visto gli ha detto: "How are you?". Come sta? Sono un suo grande ammiratore. Capirai che frase. Anche a me dicono sempre così. Mi aspettavo che Barack aggiungesse: "Minchia mi fa l'autografo? Facciamo una foto. Miii memoria piena...". Ma dài... ma digli qualcosa di un po' più solenne, no? Tipo: "Ho sempre sognato di incontrare un uomo ritratto su milioni di piatti da parete".

Comunque è stato accompagnato da padre Georg... che ha lasciato un attimo Ratzinger davanti alla tv a guardare "Amici" e si è precipitato lì. Sempre un bel vedere padre G. Ti mangi le mani ogni volta. Uno spreco pazzesco. Un uomo fuori ruolo, se posso permettermi. Come quando vedi Ricky Martin... che ti vien da dire: "Ma perchééé...". A me viene solo una voglia fortissima di tirare testate al muro. Gli elettricisti mi potrebbero anche adoperare per fare le tracce. È come se Sharon Stone avesse fatto la badessa. Il voto di castità in certi casi è un sacrificio, sì, ma più per gli altri.

E poi tutti a dire visita privata, visita privata, e invece ci saranno state trecento persone e ottocento fotografi. È partita una smitragliata di flash che neanche a Cannes. E tutta gente strana: donne col velo in testa, uomini con catene al collo, camerlenghi, buffalmacchi, tamburini sardi, cavalieri di Malta. Mi è sembrato anche di intravedere un sosia di Madame de Pompadour, ma mi sa che era un arcivescovo. Pareva di stare al carnevale di Venezia...

Infine il papa e Obama sono rimasti "soli". Che ridere, avete visto come si sono seduti? Io mi aspettavo che si mettessero in poltrona con qualcuno che gli portava le paste di meliga... un dito di San Simone, per stare in tema, o anche due spritz con olive e patatine, vista l'ora, invece no. Papa Frank era appostato dietro la scrivania e Obama davanti. Non sembrava una visita di Stato. Piuttosto una visita specialistica, con Obama che parlava e Frankienergy coi modi del primario che gli scriveva l'anamnesi.

Poi si sono scambiati i doni. Obama ha portato al papa i semi dell'orto della Casa Bianca. Ma perché? Alla Casa Bianca hanno le verdure diverse dalle nostre? Come sono le carote di Obama, fucsia? I pomodori sono già pelati dalla nascita come Signorini e i carciofi sono a tre punte? Saranno come le nostre, no?

Ma che regalo è? Cosa si aspettava che dicesse Franky? "Uhhh... dei semi di carota! Figata! Proprio quello di cui avevo bisogno..." Scusa, ma il papa fa l'orto, secondo te? Tra l'altro vestito di bianco, che si impiastriccia nella fanga? Se mai il papa è pastore, allevatore, non contadino. Non c'è la parabola del Ravanello Smarrito... era la pecorella che si perdeva! Secondo me glieli ha dati Michelle. Sai che lei è fissata col biologico, che coltiva i cetrioli nella vasca da bagno e fa crescere i fiori di zucca sulla moquette.

Tra l'altro riflettevo che nello Stato di Washington la marijuana è stata legalizzata. Ecco, io non vorrei che Obama avesse regalato a Sua Santità semi di cannabis. Del resto, la Maria è sempre stata venerata in Vaticano... No, perché se fosse così, anche la famosa "fumata" bianca cambierebbe significato...

Invece il papa gli ha regalato delle monete. Non credo del suo salvadanaio, della Chiesa: sai che Frank sta facendo fuori tutto quello che trova in Vaticano, tutti i ciapapuer, i ravatti, dall'argenteria ai tendaggi, regala tutto. Le monete gliele ha portate un cardinale che però *frannn*... le ha fatte cadere tutte per terra. Pensa che figura. Non poteva neanche tirar giù un sano vaffanculo, perché aveva davanti il papa e Obama.

Giordano Bruno l'hanno cotto per molto meno... secondo me minimo minimo lo riducono a parroco.

Il bruco fumatore

Parliamo adesso di un problema sociale del quale nessuno si è mai fatto carico. Un dramma, una tragedia, una sventura che si fa finta di non vedere. Anzi, di non sentire. L'alito pesante. Un nemico che, come parte attiva o come parte lesa, può funestare la nostra vita sociale. Alzi la mano chi non si è mai soffiato nel suo stesso palmo per controllare di non avere il fiato da sciacallo. Chi non si è mai masticato una manata di Vigorsol quando si approssimava il fatidico momento del limonage? Quanti chilometri quadrati di sedicenni si sono inghiottiti pacchi di Fisherman's piagandosi la lingua per non far capire alla mamma che avevano fumato una canna...

E questo succede quando noi siamo la parte attiva. Il tombino da cui risale il miasma. Ma se invece il geyser malato è l'altro? Il grande dubbio è: glielo dico o non glielo dico? Mica semplice. Come fai... Devi dire a uno che puzza, che fete, mica che profuma di agapanthus. Forse una soluzione è quella di rigirare l'ostacolo. Dirgli: "Scusa, scusa, mi scade il parcheggio, perché non mi mandi una mail?" e sgommare veloce come Bip Bip.

Poi non so se ci avete fatto caso, ma più uno ha l'alito pestifero, più viene a parlarti a un millimetro dal naso. Tu ti sposti e lui si avvicina. Tu fai un passo indietro e lui fa un passo avanti. Diventa quasi adesivo. Sembra il ballo del mattone. E poi soffia. Sbuffa. *Ftttt...* Cosa soffi? Che sembra di stare in una zolfatara! E quando ti vede? Quel "ciaoooooooo" a fauci spiegate? Ne vogliamo parlare o tralasciamo per pietà? Non sei mica una Sfinge del tabacco...

Non so se lo conoscete. Ho scoperto da poco che esiste in natura un bruco, che si chiama proprio Sfinge del tabacco, che è la larva di una futura farfalla, la Manduca Sexta; e siccome io detesto le farfalle, ne posso parlare adesso finché è ancora bruco. Questo vermetto si nutre di foglie di tabacco, che gli piacciono di bestia. In pratica, il Manduca è un bruco fumatore: va giù pesantissimo di nicotina, e anche se non ho ben capito quali siano gli effetti sui suoi polmoni, mi è ben chiaro che il suo alito ne risente. Eccome se ne risente. Il bruco Manduca, se vuole sussurrare parole d'amore a una bruca, è meglio se va lontano e si microfona. O prende il megafono. Da vicino, la stende. Però tutto questo per lui rappresenta la salvezza, nel senso che il suo alito orribile non fa scappare soltanto le fidanzate, ma anche e soprattutto i nemici. Il ragno Camptocosa, il suo più acerrimo predatore, non gliela fa: appena il bruco apre bocca lui perde i sensi, crolla su tutte e otto le zampe e si lascia morire. Riesce a farsi il Manduca solo se dorme, e quindi è con la bocca chiusa, o se per lo meno sta zitto.

Il problema del bruco è che, se poi vuole avere il respiro fresco come una rosa per vedersi con le amiche, non può neanche masticarsi una Valda. Può essere che magari sgranocchi una foglia di salvia, che dicono faccia miracoli per l'alito... Mi manca di scoprire una cosa. Al bruco fumatore vengono anche i denti gialli? Toccherebbe prima sapere se i bruchi hanno i denti. Appena ne trovo uno gli faccio il solletico, lo faccio ridere, così vediamo.

Le mutande wireless

Un'altra novità per voi maschi. Per voi mezze mele, per voi bulli di noi pupe. Per voi altra faccia del pianeta pirla. Nell'estate 2014 si è visto a spasso per le spiagge un nuovo tipo di costume da bagno: non è lo slippino, non è il boxerino, neanche il bermudone, ma si chiama G-String Thong. E che cos'è sto G-String Thong? È un mezzo costume. Un mezzo slip. Un mezzo paracalippo. Un costume che si porta da un solo lato. È, attenzione bene, diciamo un perizoma a laccio con effetto nudo laterale... che appoggia sull'anca, entra nel... dietro... come vogliamo chiamarlo? boudoir ... come un tanga, e termina in un sacchettino per il walter.

In pratica è fatto come la benda dei bucanieri. Solo che invece di coprire l'occhio copre il walter, e solo da una parte. Dietro tanga e davanti un sacchetto. Tipo quello che si usa per i numeri della tombola. In pratica the walter è incartato solo da un lato come un saccottino del Mulino Bianco. Devi pregare che non ti succeda mai di incontrare la donna della tua vita sulla spiaggia, perché dallo sforzo fecondo il demìslip ti parte come una fionda.

La domanda è: ma come sta su? Col soffio del creato? Con la buona volontà del tessuto? No, io credo solo imparando a camminare come gli sciancati, come il pirata dei Caraibi, se no rischi che ti sbuchi fuori la pallina dal flipper. Secondo me chi lo ha inventato deve aver detto ai suoi collaboratori: "Mi è venuta una mezza idea". Chissà se magari adesso inventeranno anche la "mezza dentiera", coi denti solo da un lato e dall'altro niente.

Ma perché il mezzo slip? Quello intero faceva caldo? Un perizoma non era più che sufficiente? Va bene per l'abbronzatura? Non penso, perché ti viene tutta sghimbescia... A parte che, con la vostra garbata abitudine di sfarfallare nel torbido con le manine, il rischio è che questa specie di autoreggente vi resti in mano...

Ma la cosa assurda è che è pure un tanga, col cordino dietro. Voi maschi l'avevate scampata, tranne magari i più supertamarri, e adesso? Non sapete che supplizio vi tocca. Che giorni di ordinaria follia vi aspettano... Voi siete "ignoranti", nel senso che "ignorate". Non come noi che da anni sopportiamo sto supplizio. Perché è un supplizio. Una roba che sta in mezzo a un'altra dà noia. Quella non è la sede naturale per un cordino. Tu ti metti un tappo nel naso o un fusillo nell'orecchio? Ti infili fra un dente e l'altro una carta di credito? No. E allora perché devi metterti un filo tra le chiappe? È innaturale.

Ma poi, io dico, adesso? Nel 2014? Che togliamo i fili dappertutto, che c'è la fibra ottica, che è tutto cordless, tutto wireless, adesso che se stai sul water col computer prende internet senza fili perché hai il router, vai in terrazzo hai il router, in cucina il router, tutto senza fili e noi il filo ce lo mettiamo nel...? Siamo cretini? Ma fai un router anche per le mutande, che stiano su da sole! Che lo metti in casa, e a tutti restano su le mutande in wireless... senza il filo nel paranao.

"Ciao Teresa! Sì, vieni pure senza il tanga da me, che ho il router per gli slip... Prende anche sul terrazzo! Pensa che c'è mio marito che annaffia solo con un tovagliolo sul walter e sta su benissimo! Finché c'è campo eh, Teresa, perché se sparisce il campo crollano le mutande a tutto il condominio."

Allora meglio niente. Te lo vernici con la bomboletta, e te lo fai blu marine.

La Venere di panna cotta

Chissà com'è finita la soap opera tra Valeria Marini e il suo ex marito Giovanni Cottone. Sapete che si sono separati dopo meno di un anno, meno del tempo che ci vuole per fare le olive in salamoia. Però alla Valeria non è bastato solo divorziare come fanno tutte le creature normali. No. Ora vuole l'annullamento dalla Sacra Rota. Perché così può risposarsi in chiesa.

Ma già pensi a risposarti? Minchia, aspetta un attimo. Vale? Datti tregua. Ho capito che c'hai ancora il velo di sette metri in cantina e ottocento chili di tulle dell'abito di nozze infilato tra le damigiane e spiace sprecarlo... però fai una pausa ai box. Fa' raffreddare i motori. Finisci i confetti.

Speriamo che ci sia un motivo più serio almeno, tipo che ha firmato un contratto con Signorini, Alfonsone, per due matrimoni religiosi su "Chi", con copertina e servizio fotografico. Comunque, perché la Rota Sacra si metta a rotare ci devono essere motivi seri. E pare ci siano. Perché la Valeriana ha detto che il suo matrimonio non è stato consumato. Tra l'altro non ho mai capito perché si dica "consumato". È brutto come termine. Se si consuma già la prima notte, poi sei bell'e che panata. Consumare dà l'idea di qualcosa che poi è liso, guasto... che devi metterci una toppa, andar giù di rammendo. "Com'è andata la prima notte?" "Eh, l'ho già consumata." "Urka! Devi già usare quella di scorta..."

Valeria ha detto che non hanno consumato, che tradotto significa che non hanno ciupato. E cosa hanno fatto, di grazia? Giocato a briscola? A sudoku ognuno per conto suo? Si sono sfidati a ruzzle? Hanno travasato il vino dalle damigiane? Cosa facevano? Si mettevano in ginocchio sul letto uno di fronte all'altra e si prendevano a testate come le vacche della Val d'Aosta? Minchia, erano appena sposati! La sera prima di andare a dormire come facevano a farsi venire sonno? Toccavano i fili scoperti del phon? Soprattutto nel primo periodo, quella è un po' l'attività più gettonata. Diciamo che è in cima alla hit parade. Capisco dopo, al ventesimo anno di matrimonio, che persino piantare un tassello al muro è più entusiasmante. Dopo vent'anni, se chiedessero alle coppie: "Oggi potete scegliere, o verniciare la ringhiera o ciupare per due ore", sarebbero già tutti col pennello in mano a chiedere se è meglio iniziare con una mano di antiruggine, ma il primo anno è una milonga continua. È tutto un nitrir di sguardi e uno sfarfallar di mutande...

Ma poi voglio dire: siete sposati da un anno. E te ne accorgi adesso che non si consuma niente? Ma già dopo quindici giorni, se Cottone non cotona, qualcosa che non gira c'è. Metti che i primi due giorni di matrimonio non si ciupa perché gli amici ti fanno gli scherzi, metti che il giorno dopo a lui si sia inceppata la lampo... poi a quello di sopra si è rotto un tubo dell'acqua e sono venuti i pompieri, ma alla fine si sarà ben arrivati al dunque. No?

Ma poi, amico Cottone, Cotton Fioc, c'hai tra le mani la Marini... stiamo parlando di una panterona, una Venere di panna cotta. Una panettona con l'uvetta e i canditi. Stiamo parlando della protagonista di *Bambola*, una donna a cavallo di una mortadella, ricorda... È tutta carne di prima scelta... solo se sei vegetariano resisti.

Invece no. Il Cottone è idrofilo. Perché si è sentito sputtané. Perché la Valeria ha messo in discussione la sua virilità. Avrebbe potuto dire qualsiasi altra cosa: che a lui puzzavano i piedi, che l'aveva tradito con Flavio Caroli, che soffriva di aerofagia... ma non quello. Infatti lui ha dichiarato sul "Corriere", neanche su "Diva e Piva", che lui al contrario ha consumato. Consumato-consumatissimo. Consommé. Fin liso. Mancava che dicesse che aveva talmente consumato che nella Marini c'erano dei punti dove si vedeva in trasparenza. Però qui c'è qualcosa che non va. Ma come? Lui ha consumato e lei non se n'è accorta? Ha consumato cosa? Il dentifricio?

Ma la cosa che mi ha fatto più ridere al mondo è che lui ha dichiarato: "Il nostro matrimonio è stato consumato, abbiamo numerosi testimoni". In che senso, come nei tamponamenti? Alla fine di ogni amplesso firmavano il CID? L'hanno fatto alla presenza di un notaio? Ciupano davanti alla giuria di "Ballando con le stelle"? Davanti a Sandro Mayer con la parrucca? A me risulta che i testimoni siano quelli che stanno di fianco a te all'altare... non è che devono venire a vedere mentre rendi giumenta la puledra.

D'altronde, Cottone mio, che ci fosse un po' di ressa mondana intorno alla Marini te lo dovevi aspettare... non è che ti sei messo con una ricercatrice del CERN. O con la prima arpista dell'orchestra filarmonica di Vienna. Hai sposato una che ha ideato una linea di lingerie, non una linea di rosari.

Invece lui ha detto: "Non le credete, Valeria è una bufala"... Ohhh addirittura... sarà un po' ingrassata, ma bufala mi sembra eccessivo. Valeria al massimo massimo, ma proprio a voler tirare con i denti, peserà come un vitellino da latte, non di più.

Solo una cosa, Valeria, adesso che mi viene in mente: tu che chiedi l'annullamento alla Sacra Rota, che è una cosa tanto da cattolica... tieni solo conto che magari nelle procedure ti chiederanno se sei arrivata vergine al matrimonio... no, te lo dico così magari pensi già in anticipo cosa rispondere per non star poi lì a fare scena muta.

Il Nobel a Putin

Per fortuna. Abbiamo rischiato parecchio ma tutto è bene quel che finisce bene. Hanno dato il Nobel per la pace a Malala. Mai premio è stato più meritato. No, perché forse non lo sapete, ma abbiamo rischiato grosso. Tra i possibili candidati c'era anche... Putin. Vedete che non c'è bisogno di parlare sempre di walter biforcuti, jolande, o invenzioni strane... Putin era tra i candidati al Nobel per la pace. Vero che fa più ridere del pittore che dipinge col walter o del cosacco che ha battuto il record di chi piscia controvento?

Ma come si fa a candidare Putin al Nobel per la pace? È come se a me chiedessero di partecipare a Miss Italia o di sfilare per Armani. Chissà, magari ci riprova l'anno prossimo. Ma se danno il Nobel per la pace a lui, devono dare quello per la medicina a Tina Cipollari e quello per la matematica a mio figlio che per fare un'equazione ci mette tre settimane... Cosa c'entra? Chi l'ha proposto? Razzi? Ma Putin è uno che mangia i salmoni vivi, se vede un orso gli spara, ha venduto armi alla Siria, sta facendo un gran casino in Ucraina, rischia di scatenare la terza guerra mondiale e bastona i gay... o io non ho capito il significato del premio Nobel o non mi è chiaro il concetto di pace.

Ad Alice Munro l'anno scorso l'hanno dato per la letteratura perché scrive da dio, mica perché si pulisce il culo coi libri di poesia! Io non so se la penisola della Crimea è contenta o no di restare coi russi, certo se provi a spiegarglielo coi carri armati magari li convinci prima, ma non ti meriti il Nobel per la pace...

Gandhi ha preso il Nobel per la pace perché ha reso indipendente l'India andando in giro in mutande e sorridendo a chi lo picchiava... In Russia, se vai in giro in mutande, prima cosa il merlo ti cade stecchito di freddo dopo un nanosecondo, e poi ti corcano di legnate o ti schiaffano in galera, come hanno fatto con Luxuria. Anche Mandela ha lottato per il Sudafrica, ma è diventato presidente con le parole e il sorriso. Quando Putin ride è perché Berlu gli racconta la barzelletta sulla mela che sa di culo.

E poi il bello è che tra i candidati c'era anche il papa. Come fai a mettere Putin insieme al papa? Frankienergy... che purtroppo non ha i carri armati, però ha quindicimila guardie svizzere, di cui alcune con l'alabarda.

Però tutti i torti, quello che ha messo Putin in classifica non ce li ha... E sai perché? Perché se continuiamo a mandare eserciti per il mondo e chiamare queste operazioni "missioni di pace", finisce che qualcuno ci crede davvero.

Il preservativo bio

Lasciamo le miserie di casa nostra e spostiamoci in America. Allora. Grandi novità nel campo dei profilattici maschili, un campo in cui stranamente la ricerca si era un po' fermata. Non c'è stato touch, non c'è stato screen, niente YouTube, solo e sempre tubo di caucciù e nulla più. Non c'è stato nessuno che abbia detto: "Mi studio un po' il preservativo per farlo meglio". Neanche la Vuitton che fa quelle borse a sacco che un poco ci somigliano.

E chi si è messo di buona lena a lavorare sul preservativo? L'Archimede Pitagorico dei nostri anni, Guglielmo Cancelli: Bill Gates. Che ha indetto un concorso: "Il profilattico del futuro". E chi ha vinto il Golden goldon? Ve lo dico immediatly.

L'invenzione più gettonata è il preservativo bio. Che rispetta la natura e non inquina. E per fortuna non è fatto di mais come i sacchetti biodegradabili dei supermercati, aggiungo io, se no il tasso di gravidanze impreviste sarebbe stato pazzesco. Sai che adesso ti danno sti sacchetti bio, che io li odio... sono fatti con delle pellicine, hai presente quando ti spelli al mare, che ti va via la prima pelle? Uguale. Che ci metti dentro una lenticchia, una, e si sfondano. Poi però, ti mettono sugli scaffali quelle confezioni per le uova da quattro tutte attaccate come trenini una all'altra. Che per staccarne una devi tirare come un'amazzone e dentro le uova si disfano. Ma siete cretini? Non lo sapete che dentro ci sono le uova, che ne smunfi due su tre? Perché? Chiusa parentesi.

Tornando al preservativo bio. Sapete di cosa è fatto? Di pelle di pesce. Il pesce avvolto nel pesce? Mettere il preservativo di pesce è un po' come incartare la cravatta in una sciarpa. Ma poi: è squamato? Ma come? Se compri la spigola in pescheria te la fai squamare e invece il profilattico no? Dicono che dovrebbe aumentare il piacere... forse se lo usi con la maionese... Comunque: quale pesce? Non lo so. Io dico l'anguilla. Che ha la forma giusta. Non è che puoi usare la pelle di polpo con le ventose... anche se... otto tentacoli, otto cartucce, passi una bella serata.

Contano le misure? Acciuga, sarda, sgombro, tonno, squalo, megattera? Ci saranno quelli con le squame ritardanti per lui e stimolanti per lei? E altro dubbio: se usi i Findus, surgelati, non hai bisogno del Viagra? Sono tutte domande da fare a Gates. Io dico solo che, così a naso, non dovrebbe essere profumatissimo. Un preservativo di pelle di spigola di tre giorni non invita secondo me. Sai, in quei momenti lì è un attimo che mi distruggi l'atmosfera... "Amore? Hai eviscerato un'orata?" "No, tesoro, ho messo il preservativo."

Comunque, ci sono anche i sexy toys ecosostenibili per vegani e vegetariani che vogliono divertirsi a letto ma non con materiali artificiali. Vetro, ceramica, metallo, silicone, legno: materiali naturali ma non molli. Niente semolino, polenta o macinato per ragù.

Ma io dico: sei vegetariano? Sii coerente. Usa gli ortaggi, che sono un inno alla natura e hanno una varietà di forme che si eccita perfino una statua di cera di Madame Tussauds. Mi gena, mi preoccupa un filo l'idea di un sexy toy di vetro. Il vetro non è pericoloso? Una manovra un po' azzardata e ti sfreghi, ti trovi come ridere senza un amico di Maria. Se li facessero anche in vetro soffiato di Murano si potrebbe metterli come puntale per l'albero di Natale... Dicono che così dopo l'uso si possono sterilizzare... Certo, li metti nel Milton, come i ciucci dei bambini, così la mamma tira fuori tutto insieme, biberon e vibratore...

E quelli di legno? Cosa sarà, una clava? Li produce l'Ikea? Chi può spendere di meno li prenderà in compensato, chi può spendere di più in rovere? E poi ci saranno i sexy toys, vibranti, a pannelli solari. Che è un po' un controsenso, perché il più delle volte fai del ciupa dance proprio perché piove e così passi il tempo, solo che se piove manca il sole e l'attrezzo fa solo *bz bz... bz* come un'ape che muore. E comunque devi sperare che duri la carica, se no magari si spegne proprio sul più bello.

In alternativa ci sono quelli a manovella... giuro. Ma come funziona sta manovella? Devi girarla prima o durante? Perché durante può anche essere fastidioso, la jolanda non è come un grammofono degli anni Trenta. Non ho capito bene dov'è sta manovella, se resta esclusa dall'amplesso o invece contribuisce anche lei al nostro piacere ecologicamente compatibile.

E veniamo ai profilattici: quelli al lattice non avrebbero particolari controindicazioni, se non per i vegani, perché contengono un enzima del latte. Il vero vegano non usa enzimi del latte neanche per ciupare, e quindi cercherà i profilattici di pelle di peperone, e se non li trova piuttosto resta casto, o se li fa da solo all'uncinetto con filo di cotone grezzo. Oppure in pile. Anche un cannellone di pasta un po' scotto può fare alla bisogna. Purché sia pasta integrale. Per chi invece fosse ambientalista ma non vegano, ci sarebbe il budello di pecora, che è completamente biodegradabile. E che peraltro usavano già gli antichi romani. Peccato non sia facilissimo da trovare. Ma ci saranno poi i profilattici provenienti dal commercio equo e solidale? Possono essere anche un'ottima scusa per convincere lei a starci: "Tesoro, facciamolo... se non vuoi farlo per me, fallo per solidarietà con i lavoratori sfruttati dell'Ecuador".

Nella buona e nella cattiva sorte

Bon. È un periodo che si separano tutti. Sarà un contagio. Ma c'è chi lo fa col coltello tra i denti e chi col sorriso sulle labbra. Che più che un sorriso a ben guardare è un accenno di paresi. Raoul Bova, per dire. Un anno fa ha lasciato moglie e figli e si è messo con tale Rocio. Avevano detto che Raoul era gay e lui invece si è fidanzato con Rocio Muñoz Morales, che sembra il nome di Zorro in incognito, invece è una donna. Quindi, care amiche, tutto a posto: Raoul resta il nostro bufalo maschio che scuote la criniera nella prateria...

Tra l'altro la Rocio, che ha il nome di un torero, è una ragazza spagnola bellissima, conosciuta sul set di un film. Purtroppo nelle coppie sono cose che capitano, ci si molla. Peccato che sua suocera fosse una famosissima avvocato divorzista, Annamaria Bernardini De Pace, mica la signora Cerutti famosa sarta per uomo esperta in polenta concia. No no. La Bernardini De Pace è una che se ti prende ti apre in due. Già fa un culo così ai mariti che mettono le corna alle mogli, pensa quando le mettono a sua figlia! Un caimano che entra in un allevamento di polli. La Bernardini ti leva i boxer a morsi. Ti prende per le gambe, ti mette a testa in giù e ti scuote fino a che scende l'ultimo centesimo dalle tasche... Raoul ha rischiato di finire in mutande senza fare il calendario. "La furia degli alimenti"... Per fortuna l'ha scampata: non è stata la San Bernarda a occuparsi della figlia. Tutto è bene quel che finisce bene.

Altra storia conclusa è quella tra la Bellucci e Casoeula. Vincent Casoeula. Una storia che durava da diciott'anni e che purtroppo è arrivata pure lei al capolinea. Tra l'altro hanno anche due figlie, due casuline. Però lei dice che non era più single da quando aveva quattordici anni. Beata lei. C'è gente che ha avuto un fidanzato a quattordici anni e poi mai più. Ma scusa, come fa una a non essere mai single per trent'anni? Ci sarà stata una mezz'ora in cui è stata spaiata, no? Avrà mica fatto come la borraccia di Coppi e Bartali, che se la passavano in gara?

Comunque pare che stia molto bene single, che si senta in pace con se stessa e non cerchi assolutamente nessuno. Peccato che si sia fatta fotografare per la copertina di "Vanity" in body nero di pizzo, tette scoperchiate e gambe a quarantacinque gradi. Che non dà proprio l'idea di aver chiuso la gelateria. No, dico: se vuoi chiudere baracca e dare indietro la licenza ti metti in tutona di felpa e ciabatte di pile. Monique?! Non è che puoi dire: "Io non ci penso agli uomini", e poi farti fotografare così. Allora se ci pensavi, cosa ti mettevi addosso? Ti presentavi scuoiata? Ballavi il calipso con la marmotta illuminata dall'interno come le giostre?

A parte che, bella com'è, con addosso il loden di Monti avrebbe fatto sangue lo stesso. E poi ha detto: "Sto bene, così mi sento connessa...". Eh, adesso che sei single sai in quanti cercheranno di connettersi? Tutti a cliccare "mi piace": con cosa, non lo voglio sapere...

La grande bellezza

Anche loro. Anche loro sono entrati nel tunnel. I maschi dico. Anche i nostri homines sapiens si spinzettano le sopracciglia. Terribile. Ci sta ancora che ti levi i due o tre peli al centro, così stacchi sti due gemelli siamesi di sopracciglia, ma vogliamo parlare dei maschi che se le tolgono tutte? Si fanno proprio l'Arc de Triomphe. Due parentesi tonde fiiiini... che neppure Moira Orfei. Io non dico tenersi due zerbini che manca solo la scritta "Salve" e poi ci puoi pulire sopra i mocassini, ma nemmeno due fili di pelo, il trait d'union tra un maschio e una porcellana cinese.

Guarda Sorrentino... le ha belle corpose e ben che gli stanno. Due dorsi di cinghiale. Lui sì che è un mito. Ha girato un film tristissimo e bellissimo. Tra l'altro stroncato dai critici italiani e osannato dagli americani.

Sì, perché in Italia l'avevano spianato. Incatramato. L'avevano chiamato "La grande bruttezza". "Il talento di Sorrentino s'impantana", "La grande debolezza", "La grande delusione", e adesso? Tutti a dire bravo, ma che bravo, anche quelli che l'avevano asfaltato. Ma come bravo? Avevi detto che faceva cagare... che imitava Fellini, che era troppo lungo, che non era ispirato, un rutto di celluloide, una smosceria in alta definizione... e adesso gridi al capolavoro? Certo, c'è il diritto di critica, ci mancherebbe. Ma c'è anche il dovere della coerenza: se no è come sputare su una roba e poi dire che ci hai sputato sopra per lustrarla meglio. Noi italiani siamo fatti così: quando si vince, "abbiamo vinto" e quando si perde, "ha perso".

Comunque in tutto questo festeggìo l'unica che ha ancora un diavolo per capezzolo è la Ferilli. Sabrinona. Che è dovuta stare a casa perché non c'era posto per lei in sala alla notte degli Oscar. E ora schiuma. Ha ragione. Ma Sabbry, minchia Sabbry, ma proprio tu? Se non una poltrona almeno un sofà potevi portartelo da casa. Non è che ti mancano. Passi le giornate in una fabbrica di salotti. Sei sempre lì che ravani con le offerte speciali, ti facevi prestare una poltrona ed eri a posto. Non ha potuto nemmeno fare il tappeto rosso! Per un'attrice come lei, che ha fatto di tutto, cinema, teatro, tv, sarebbe stata una bella soddisfazione. Sai, non è che ti capita tutti i giorni di vincere un Oscar. Quando ha vinto Salvatores c'erano tutti, si era portato persino il portinaio, e se avesse conosciuto la famiglia di Rocco Hunt avrebbe portato anche quella... e Sorrentino niente Sabbry. Tutti maschioni a ritirare il premio, noi donne dobbiamo sempre stare a casa a guardare la tivù nel tinello mentre leviamo il filo ai fagiolini.

È vero anche che nella *Grande bellezza* ci sono gli attori più bravi d'Italia, e se li avesse portati tutti avrebbe dovuto affittare un container da mettere di fianco al teatro. Però lei è gnocchissima e ci avrebbe fatto fare una bella figura, non come quell'altra Jennifer Lawrence che è di nuovo volata. Per sbaglio, mica sono tutti come Morgan: lui durante un concerto a Bari si è invasato, sai che ogni tanto si invasa, e ha fatto come le rockstar, s'è tuffato dal palco a volo d'angelo. Come un cormorano che ha visto un'acciuga. Si è buttato a testa prima, come una donna ai saldi. Tuffo dall'alto a merda d'uccello. Peccato che la folla invece di sostenerlo si è schivata. Come il torero quando passa il toro. Olé. Gli hanno lasciato lo spazio come si fa sull'autobus all'uomo dal sudore importante. E lui si è sfracellato... Capisci? Un po' come se Renzi si fosse tuffato al Congresso del Pd e a prenderlo sotto ci fossero stati Cuperlo e Civati. Comunque non si è fatto male, è una fortuna per lui ma anche per noi, che possiamo ridere senza provare rimorso... Vabe', invece la Lawrence... very very intronata. È volata l'anno scorso salendo sul palco e quest'anno è andata giù sul tappeto rosso. Il prossimo anno ha già annunciato che andrà lunga in platea, e se non dovessero invitarla più andrà giù di muso sul marciapiede dell'entrata di servizio.

Ormai a Los Angeles quando sentono un botto dicono "È la Jennifer" anche se è scoppiata una lampadina. Ma lasciamo a casa lei e chiamiamo la Ferilli, che almeno sui tacchi è capace di stare?! Oppure mandiamo Jennifer a lezione da papa Ratzinger, che dice che l'abito lungo è pratico... A dire il vero è volato pure lui, vi ricordate? Che è andato addosso a un cardinale e l'ha fatto secco? Ce l'ho ancora nella mente... Benedetto camminava bello dritto fra le navate, e poi a un certo punto è partito come uno stambecco del Gran Paradiso che vola sulle cime.

Comunque è stato bello vedere Sorry alzare la statuetta e ringraziare tutti. Anche Maradona. Noi italiani possiamo essere menti eccelse, inventori pazzeschi, artisti sensibilissimi, ma di fronte al calcio e alla gnocca non c'è niente da fare. Perdiamo lucidità. È più forte di noi. Sai che io ho temuto anche per Rubbia quando ha preso il Nobel? Ho pensato che dicesse: "Dedico il Nobel ai miei colleghi, all'Italia e alla Bellucci, che un colpetto glielo darei volentieri...".

L'unico che non è stato premiato è DiCaprio. Aveva una faccia, poveretto, come se Django gli avesse sparato pallettoni nel cuore. Per quattro volte nominato, poi niente, non vince mai questo Oscar. Ormai se sente "sei stato nominato" gli viene un coccolone, manco fosse un pizzaiolo che deve uscire dalla casa del "Grande Fratello". È il più bravo di tutti, e vigliacca miseria se c'è qualcuno che gli dà uno straccio di Oscar. Guarda, glielo do io. A sua insaputa, come a Scajola.

Un chupito di tette

Veniamo alla notizia pitocca, che alla fine ti tocca. Spostiamoci in Germania, terra della Merkelona. Un'azienda tedesca, la G-Spirits, ha ideato una nuova gamma di liquori mooolto particolari. Sono liquori aromatizzati alle tette. Sì perché, prima di imbottigliarli, li fanno scorrere tra i seni di alcune modelle. Si mettono lì, e *frrtttt*... glielo colano addosso, glielo versano nel décolleté.

Poi, non so come, lo recuperano e lo imbottigliano. E infine mettono l'etichetta, credo col nome: "Rum del 2010 e tette di Maria, taglia seconda / coppa terza". Pensa che bello. Fino a poco tempo fa c'era la grappa alla pera, adesso c'è la vodka sopra le pere... Praticamente hanno inventato le tette sotto spirito: chissà se si conservano bene, come le ciliegie. Se dovesse funzionare, invece del silicone potremmo infilare le tette dentro due damigiane di Barbera...

Comunque, le bottiglie costano tantissimo, 129 euro... roba da Michele l'intenditore: "Senti che retrogusto... dev'essere un capezzolo dell'86, ottima annata!"; "Minchia, Michele, complimenti!"; "Questa è una quinta del settantotto!". Ma poi pensa ste poverette... pensa Katiuscia, Rachele, Romilda, che si passano le giornate sdraiate con il cognac sul seno: di sera avranno i capezzoli abrasi... Ma sono scemi??? Cosa c'entrano le tette con i superalcolici? Ci avessero versato sopra del latte della Centrale, magari ci stava, aveva una logica... ma il nocino cosa c'entra?

E se devono filtrare del whisky invecchiato cinquant'anni, cosa fanno? Lo versano sulle tette di una pensionata dell'Inps? "Vieni nonna, che voglio insaporire il bourbon..." Ma allora scusate, se si vuole spendere meno, ci possono essere liquori filtrati in un altro modo. Le tette costano, è normale, ma esistono parti del corpo più economiche... Fai scorrere il gin sul... e poi lo chiami alculico e bella lì.

Conchita Wurst

Sto diventando la sosia di Conchita Wurst. Avete presente la vincitrice dell'Eurofestival? Una donna con barba e würstel. Pelù vestito da Arisa. Un incrocio fra Bin Laden e la Canalis. Praticamente un uomo vestito da donna ma con la barba. Noi fino a qualche anno fa all'Eurofestival ci mandavamo Toto Cutugno, che era facile da catalogare: un maschio italiano, un italiano vero... adesso c'è una drag queen con la barba come Franceschini. A meno che all'inizio della canzone la barba non ce l'avesse e sia stata proprio la canzone a fargliela spuntare... Perché, sai, si dice, no? "Miii, che barba sta canzone..." E se stai ben ben a guardare ci sono anche delle canzoni che fan venire due balle così. E infatti. Eccola lì. Svelato il mistero.

Sì, perché Concy è una transgender. Spiego. Prendiamo appunti perché un domani che ci arriva a casa un idraulico coi tacchi a spillo e le calze a rete poi caschiamo dal pero.

Dicevo: ci sono i trans, che sono quelli che nascono maschi ma poi si fanno operare e diventano femmine, o al contrario nascono femmine e si fanno operare e diventano maschi, e poi ci sono i transgender. Che non si sentono veramente né maschi né femmine. Si sentono un po' di tutto. Diciamo che stanno a metà. Hai presente il fermoimmagine del DVD, che tu schiacci sul telecomando e beccheggia leggermente? Uguale. Son da bosco e da riviera. Double face.

Biadesivi. Sono come i coltellini svizzeri, hanno mille usi. Come i martelli da carpentiere, che da una parte piantano i chiodi e dall'altra li levano. Infatti lui/lei si fa chiamare Conchita Wurst, perché Conchita in molti posti è un modo di chiamare la jolanda e Wurst in molti altri vuol dire walter. Conchita con la chiquita, per darvi agio nel dirmi che sono balenga.

Sai che a Giovanardi quando l'ha vista gli si è gonfiata la gola come ai rospi e poi *pam!* è scoppiato? Stanno ancora cercando i pezzi nel triangolo delle Bermuda. Per non vedere queste cose Giovanardi riesce a mettersi addirittura la lingua sugli occhi. Come la benda per giocare a mosca cieca. Ma d'altronde... chi siamo noi per giudicare? Lo dice anche quel tronco di santo di papa Frank. Poi soprattutto non possono giudicare i maschi, che i peli li hanno ovunque, persino che escono dalle orecchie che sembrano la punta dell'ananas.

Magari il futuro è questo. Il sesso misto. Il sesso di passaggio... Maschi con un pizzico di Patty Pravo e una spruzzata di Mata Hari... dei Fassino con la quarta di seno e i piombini sulle chiappe se no si sbilanciano... Donne che sembreranno Vin Diesel e uomini fragili come piccole fiammiferaie. Donne alfa, coi baffi da camionista, e maschi beta, con il profumo fresco di Tantum Rosa.

Guarda. Io voto perché esista nel futuro un D'Alema vestito da Platinette.

Fonzie e Napisan

Parliamo di quando Renzi è andato al Quirinale per gli auguri di Natale da Napisan vestito da barman... è stato al centro di un polemicone: tutti in nero o blu e lui in grigio chiaro. Sembrava un enorme criceto. Pensa che persino D'Alema ha detto che aveva "un abbigliamento del tutto inadeguato", e tutti sappiamo che D'Alema, appena può, parla bene di Renzi...

È già tanto che non si è presentato vestito da Fonzie. No, perché lui ci mette un attimo a infilare il giubbotto, eh... Per lui De Filippi o Napisan è uguale. Tra l'altro la voce è anche molto simile.

Allora. Matte. Io capisco che sei giovane, che sei il nuovo che avanza, che bisogna dare dei segnali forti... ma è dell'auto blu che devi fare a meno, non della giacca blu. Alfano era vestito come il giorno della prima comunione... tra parentesi, avete notato che gli è aumentata la fronte? È enorme, ci puoi posteggiare una Smart secondo me. Va bene che un politico deve poter andare a fronte alta, ma lui esagera! Senza fronte, è alto un metro e sessanta; con la fronte... uno e ottantacinque! Anche l'occhio si è dilatato, sembra quello dei pesci quando si avvicinano alla boccia. *Piuut*... Non sono neanche gli occhi del "porca troia!" della Carfagna, sono più gli occhi del "sta minchia!".

Comunque, da Napisan gli mancavano il fiocco bianco

sul braccio e le mani giunte, mentre Renzi sembrava Lapo Elkann appena uscito da una discoteca di Copacabana. E menomale che tutte le foto le hanno fatte quando era seduto, perché è possibile che sotto avesse anche i moonboot. Allora, Agnese!? Agnese, scusa se te lo dico, lo so che hai mille cose da fare, mentre lui esce la mattina e va a fare lo stupido con Franceschini e Fassina... per favore... dagli uno sguardo, una controllatina prima che esca di casa... se no, la prossima volta a incontrare la Merkel capace che ci va in bermuda... E la Merkel non perdona... Sai chi mi sembra? Una di quelle bidelle bastarde che chiudono il portone della scuola alle otto spaccate. Tra l'altro ultimamente Angelona si è inchiattita parecchio: diciamo che ormai la Grosse Koalition potrebbe farla da sola, volendo, anche se più che di Grosse Koalition si potrebbe parlare di Grosse Colazion... capace che per bere il tè adoperi un würstel come cannuccia.

Comunque, tornando a Matteo. Mi fa ridere perché continua a ripetere: "Se fallisco è colpa mia. Se fallisco è colpa mia...". Eh vorrei vedere, Ronzie. Colpa nostra no di sicuro. No, perché lui continua a dire che ci mette la faccia, che è una bella cosa, ma siccome noi italiani ci mettiamo qualcos'altro, io preferirei che andasse bene. Così lui salva la faccia e noi il retrotreno. Io non lo so, se ce la farà, ma una cosa è certa. Posso dire? Ha due balle di tungsteno. Con rivestimento in Goretex per le basse temperature.

Pensa che quando non lavora le presta a quelli che giocano a bocce a Pontassieve. Persino D'Alema ha detto che lo appoggia. Non ha detto cosa appoggia... Insomma gli darà una mano, spero solo che non gliela dia per spingerlo giù dal balcone... Comunque sono già tutti lì a fargli il pelo e contropelo. "Eh, ma non doveva fare il discorso a braccio..." E perché? Il più delle volte i nostri politici fanno discorsi a culo, un discorso a braccio mi sembra già un bel passo avanti.

"Eh no, ma si è messo le mani in tasca..." E allora? A me basta che non le metta nelle mie di tasche, come hanno fatto tutti gli altri, se vuole metterselle nelle sue faccia anche un po' come vuole. Per me si può mettere la mano dove più desidera, anche nella camicia come faceva Napoleone.

"Eh, ma parla parla... però adesso vediamo cosa fa." E cosa avete fatto voi, banda di pisquani? Non è mica il re di Tonga che può comandare da solo. E Monti non andava bene, e Letta non andava bene, e Renzi non va bene... consumiamo i premier come stuzzicadenti dopo che hai mangiato il bollito. Neanche Lapo Elkann cambia così tante fidanzate. Non ce li abbiamo tutti sti leader a disposizione. Il prossimo che ci tocca è Calderoli, pensiamoci bene...

Perché messi come siamo messi non è che possiamo fare tanto i fighi. Mi sembra come quando c'è uno nel fiume che sta annegando. Sulla riva nessuno fa un tubo, tutti che si agitano senza costrutto, e poi arriva uno, si leva le scarpe, entra in acqua, e mentre comincia a nuotare, da riva gli altri lo criticano. "Eh, ma guarda che non ce la fa mica... nuota come i cani... hai visto che scarpe? Sembrano i mocassini di Al Bano..." Ma aspetta di vedere se lo porta a riva almeno! Tu che prima guardavi e basta...

Voi politici avete una responsabilità pazzesca in questo momento. Smettete di insultarvi, usate le parole che merita quel posto, e datevi da fare. La gente ormai se ne frega della destra e della sinistra. Vuole solo uscire dal guado. E chiunque gli tiri un salvagente va bene.

Lo strano caso dei pizzaioli scomparsi

Questa è veramente stramba. Pare che in Italia manchino seimila pizzaioli. Non riesco a crederci. Ma è possibile? È come se in Svizzera mancassero gli orologiai, in California sparissero i surfisti, e nel consiglio regionale della Lombardia di colpo scarseggiassero gli inquisiti. Fantascienza. Sentire che in Italia mancano i pizzaioli è come se ti dicessero che in Vaticano sono finiti i preti e Chiamparino è diventato pelato. Quasi non ci credi.

Noi italiani siamo fatti così. Male. Siamo così ottusi da non capire ciò che di buono abbiamo a disposizione. Abbiamo talenti meravigliosi e non ce ne accorgiamo, cervelli sopraffini e li facciamo fuggire all'estero, i paesaggi più belli del mondo e li distruggiamo costruendoci sopra degli ecomostri, abbiamo inventato la pizza e la facciamo da dio, ma ci ingozziamo di sushi. Di pesce crudo che non sappiamo manco mangiare con quelle bacchette che usiamo come ferri da calza. Fino a ieri il massimo dell'azzardo era mangiare i filetti di platessa surgelati, ora ci fiondiamo sul pesce crudo come tante foche monache. Ma com'è potuto succedere? Come si estinguono i pizzaioli? Cadono nel forno? Si prendono a palate fra loro, si addormentano sull'impasto soffocando?

Insomma, pare che i pizzaioli oggi siano quasi tutti egiziani. Se vuoi un posto da pizzaiolo e sei di Bergamo devi dire che ti chiami Ramsete II oppure Radames. Altrimenti non ti assumono. Eventualmente procurati un passaporto falso e di' che sei Ciaociciu e vieni da Shangai. Ma siamo scemi? Ma al Cairo, secondo te, si fanno preparare un kebap da uno di Caltagirone? A Pechino si fanno cucinare il riso cantonese da un montanaro della Val di Non?

Mi è venuta un'idea. Facciamo come Grillo. Cerchiamoli on line. Organizziamo delle pizzarie... Oltretutto pare che i ragazzi delle scuole professionali di cucina il mestiere di pizzaiolo lo schifino perché lo considerano una seconda scelta. Vogliono tutti fare Bastianich e strillare come cornacchie. E così, mentre loro imparano a fare i rotolini di cinghiale coi mirtilli impallinati nell'esofago e la torta ubriaca di melanzana con salsa di kiwi e vongola, i ragazzi cinesi ed egiziani imparano il segreto della perfetta Quattro Stagioni. Dai ragazzi italiani. Non state ad aspettare che vi chiamino al Combal.Zero a preparare la schiuma di porri detonata nelle uova di trota e la gremolade di barbabietola fucsia con mousse di foie gras fuso a freddo. Datevi da fare. Acqua e farina e cominciate a impastare. Piuttosto iscrivetevi a un master di Capricciosa a Posillipo. Tra l'altro il pizzaiolo è da sempre una categoria di maschio che fa impazzire le donne. Io lo preferisco di gran lunga a un tronista di Maria.

Fish pedicure

Io la fish pedicure proprio non la capisco. E invece continua ad avere successo, a quanto pare. Avete presente quella moda arrivata dall'Asia un po' di tempo fa? Una pedicure che ti fa diventare i piedi morbidi che sembrano fatti di pelle di daino, e li puoi usare per pulire il parabrezza. Tu arrivi con i piedi di cartone ed esci che ce li hai di carta velina. Sai che i piedi in inverno si seccano... a forza di stare tappati nei calzettoni e poi chiusi nelle scarpacce con la para si disidratano come due baccalà. Guarda che c'è gente figa da morire che al posto dei piedi ha delle zampe da Velociraptor... Ci sono quelli che hanno le dita a martelletto, una sopra l'altra come le brande delle caserme... Io ho dei piedini come quelli delle cucine economiche di una volta, bianchi e corti.

Allora. Come fanno sto pediluvio? Con i garra rufa. Spiego. I garra rufa sono dei pesciolini che vivono nelle acque tiepide della Turchia e che a quanto pare sono molto ghiotti di calli. A voi piace l'antipasto cerea? Ai garra rufa piacciono i duroni. A voi piace rosicchiare la crosta del parmigiano? A loro spelliccicare i talloni. E quindi il trattamento consiste nel mettere i piedi a bagno in una vasca piena di garra rufa e farseli rosicchiare per quaranta minuti. I garra rufa con i loro dentini asportano la pelle morta, liberano i pori e stimolano la circolazione del sangue.

Ma la domanda è la seguente: questi pesci prima cosa

mangiavano? Quando nuotavano liberi nelle acque turche, si facevano delle belle scorpacciate di piedi? E se non trovano piedi umani da rosicchiare digiunano? Per catturarli cosa appendono all'amo al posto del verme? Un dito mignolo? Poi sti poveretti non possono neanche scegliere... Gli arriva un piede di ragioniere e se lo devono far piacere. Ci sono piedi stagionati e piedi gelati. Guarda che rosicchiare un piede di carmelitano scalzo è come mordere il torrone; con i piedi miei, che sono corti, possono farsi al massimo una "merenda sinoira", un aperitivo, ma se arriva un piede 45, per dire, per i garra rufa è come un pranzo di nozze...

E poi, quando esci, avrai i piedi che sanno di pesce? Per pulire tra un dito e l'altro avranno addestrato una sogliola? Ci sarà anche il polpo che fa i massaggi? Però, scusa, e gli zibetti che ci cagano il caffè, e i pesci che ci rosicchiano i piedi: cosa ci dobbiamo ancora aspettare? I passerotti che ci levano la forfora? Non sarà mica un piano per togliere dalle balle l'umanità? La natura che si ribella. Alla fine gli animali ci mangiano tutti e il pianeta torna a essere un posto vivibile come era prima che arrivassimo noi. Magari.

Doppio walter

Ma veniamo alla notizia farlocca. La steak house. Alla boiatona che non manca mai come la multa sul parabrezza. Parliamo di questo signore. Americano. Che è uscito allo scoperto. Vuole mantenere l'anonimato ma sul web si fa chiamare Double Dick... E cosa avrà mai di particolare Double Dick? È biwalter. Numero uno uomo, numero due... Dick. È dick dick. Ha due pistole, come Tex Willer... e tra l'altro sparano tutte e due. Nota che sopra ci sono i dick dick, ma sotto non c'è un quartetto d'archi, gli amici di Maria restano due. Soffre di "Diphallia", si dice... che tradotto in italiano volgare vuol dire che è un biminchia. Pare sia lo stesso tipo di anomalia per cui a volte uno nasce con sei dita della mano o del piede.

Certo, però, abbi pazienza, non è proprio la stessa cosa. Avere sei dita può essere scomodo, ti tocca mettere uno stivale al posto di un mocassino, ma due walter è un filo peggio. Le mutande gli conviene metterle con la parte del didietro davanti, che almeno è più spaziosa. Insomma, pare che lui per molto tempo abbia pensato di farsi operare per eliminare almeno uno dei due, ma adesso c'ha fatto pace e sta bene così. Dice che non rinuncerebbe mai a nessuno dei due amici. D'altronde, se stai a vedere, sarebbe una bella comodità. Se uno dei due perde i colpi, puoi dire all'altro: "Scaldati che entri in campo!", è un po' come la panchina lunga... Invece purtroppo non va così. Funzionano tutti e due contemporaneamente, e certo gli creano qualche problema, tipo la pipì. Perché sto poveretto ha una vescica sola e un muscolo solo, e quindi non è che fa la pipì una volta con uno e una volta con l'altro come le mamme che allattano. No, in contemporanea. Come il discorso del presidente a capodanno. Pensa che bordello.

Voi maschi già fate casino con uno, figurati con due. Sembra poi la Fontana delle 99 Cannelle dell'Aquila. È facile che li leghi con quegli elastici piatti che si usano per gli asparagi. Un ventaglio cinese. La ruota del pavone. Poi al momento buono leva il guinzaglio e scatena la muta. Guarda che se si imbrigliano devi chiamare un marinaio per slegarli, eh? Se si mettono in agitazione sembrano la testa della Medusa. Pensa se va dall'urologo senza avvertirlo prima... giù le mutande e *ratataplan!* Starsky&Hutch. E l'urologo crede di vedere doppio.

Comunque fa ridere che lui si dichiari bisessuale. Formalmente lo è. E anche praticamente. Perché è bicurioso, come dice la Philomena del film. Da bosco e da riviera. Biadesivo diciamo. Cioè ciupa volentieri sia con i maschi che con le femmine. D'altronde avendo materiale in esubero si sfoga. E comunque dice che prima di fare ciupa con qualcuno avverte. E vorrei vedere. Invito a cena, lume di candela, un bicchiere di vino, poi in macchina, bacini bacetti, vuoi salire, sì certo. *Frannn!* le gemelle Kessler... Belfagor il mostro del Louvre...

Capitasse a me, chiudo la gelateria e vado in ferie. Dice che con le ragazze spesso succede così. Invece con i maschi no. Pare che il maschio alla vista di due walter esclami: "Belan quanti belin!!!", e si freghi le mani. Poi l'altra cosa che mi chiedo è di ordine meccanico: come fa? Proprio fisicamente. Perché se funzionano all'unisono significa che partono sull'attenti in contemporanea come le guardie di Buckingham Palace... Ma se ne hai due, quando fai del ciupa dance non è come voler passare in due dalla stessa porta? O pardon, scusi, prego, si accomodi... Tocca poi fare flic-e-floc.

Se non altro, finalmente un po' di scelta per noi donne. Non più piatto unico, ma primo e secondo. La cosa brutta è che non potrà mai fare la carriera diplomatica... No, perché "Ambasciator non porta pene"... lui ne porta addirittura due!

Macio macio man

Hai presente Karim Capuano, il tronista di "Uomini e donne"? Quello figo, bruno, macio macio man? Bene. Ha staccato a morsi il lobo dell'orecchio a un vicino di casa... come Tyson. D'altronde, con un nome così c'era anche un po' da aspettarselo. Ma che nome è Karim? Chiamati Antonio, Salvatore, Carmelo... non Karim. Karim è un nome da pitbull! Già se lo avessero chiamato Fufi, al massimo l'orecchio glielo leccava...

Ma io non ho capito una cosa: l'orecchio gliel'ha staccato e poi lo ha sputato, oppure l'ha masticato e l'ha mandato giù? L'articolo non parla chiaro e l'informazione non mi soddisfa. È anche vero che alle assemblee di condominio la gente perde la brocca... Se c'è qualche possibilità di risolvere il conflitto in Siria, non c'è nessuna speranza di mettere pace nei condomini. Secondo me, dopo quello che è successo, alla prossima riunione gliele daranno tutte vinte. Tipo che se vuole accendere il riscaldamento alle sei di mattina perché coltiva le orchidee nessuno si opporrà. Gli diranno: "Prego, Karim, se vuoi ti facciamo anche sbattere i tappeti al sorgere del sole, e issare una parabola di ottanta chili sul tetto. Se vuole, signor Karim, invece delle briciole butti pure giù dal balcone direttamente il sacco dell'indifferenziato, a noi fa piacere".

Insomma, invece che staccargli mezzo orecchio poteva tirare un urlo pazzesco e spaccargli un timpano, no? Poteva prendere esempio da Roby Facchinetti, quello dei Pooh con gli occhi azzurri che sembra un husky. Avete sentito? Be' durante un concerto ha sparato un acuto talmente bastardo che ha fatto scoppiare una lampadina del soffitto che dopo l'esplosione è caduta in testa a uno del pubblico. *Tanta voglia di leeeeei. Pem!* Pensa. Be', la Callas spaccava i bicchieri, questo qui tira giù le vetrate del palazzo dell'Onu. Roby fa dei do di petto che staccano i pipistrelli dai rami. Spacca le uova ancora nel culo delle galline, se ci piace un'immagine forte. Speriamo solo che Al Bano non accetti la sfida, altrimenti siamo rovinati. Quello ti pianta un si bemolle che fa scoppiare tutte le vetrerie di Murano...

Ma la cosa fantastica è che quello del pubblico che è stato colpito non è mica uscito... No no, è rimasto imperterrito fino alla fine del concerto. Con il rivolo di sangue che gli colava dalla fronte ha continuato a cantare *Piccola Katy*. Ma canta *Dammi solo un minuto*: quello che ti serviva per scappare! Niente. Pensa che costanza.

Comunque, per tornare a Karim, è molto dispiaciuto e pare che abbia dichiarato: "Sono a pezzi"... Tu sei a pezzi? Minchia pensa quell'altro! Che adesso gli è rimasto un orecchio solo e sembra una tazzina di caffè... Che se poi trova uno che gli sbecca anche il naso diventa una statua greca!

E sai cosa ha detto il suo avvocato? "Karim si è solo difeso." Ma come?! Per difendersi uno spara un "vaffan", dà una spinta, uno schiaffone, un calcio sugli amici di Maria... mica manda giù un orecchio come se fosse un Moment! Maria? Defi? Ma che gente frequenti? I coccodrilli della Louisiana? Ma "Uomini e donne" non è un talk show, è una puntata di "National Geographic"...

Pirla a prescindere

Posso dire? Sto subendo una mutazione genetica. Ho paura di essere posseduta. Perché sulla storia delle quote rosa la penso proprio come la Santanchè. Guarda che è una roba che mai avrei immaginato mi potesse capitare... sapete che sono molto preoccupata? Perché nella mia vita ho sempre avuto alcuni punti fissi. Certezze diciamo. Che non avrei mai imparato a nuotare, non sarei mai stata capace di fare bene benzina nell'automatico, che non mi sarebbe mai riuscito bene il risotto e soprattutto, per quanto riguarda la politica, che non avrei mai pensato le stesse cose che pensa la Santanchè. Invece... sono desolata.

Quando la Camera ha stroncato gli emendamenti sulla parità di genere ho persino telefonato a Crepet per prenotare una visita psichiatrica. Mi ha detto di prendere del Rescue Remedy per via orale, tamponare per qualche giorno e poi andare da lui. Ma adesso cosa mi succederà? Mi piaceranno anche i tailleur, le scarpe a punta, la borsa che si tiene sul braccio, e troverò figo Sallusti? Mi verranno gli zigomi di Moplen? Che paura. Comunque, secondo me la Santa Anchè ha ragione: è così. Uomini e donne sono un problema solo per la De Filippi... Le donne non sono mica una specie in via di estinzione come le rane toro, le lucciole e i gorilla della Namibia!

Io credo che al governo ci debbano stare persone oneste e competenti... che siano uomini, donne, gay, stranieri, opossum, salamandre. Non è che se sei donna sei meglio. Abbiamo pirla uomini e pirla donne. In questo proprio c'è la parità di genere. Se sei pirla sei pirla a prescindere dal fatto che tu abbia nelle mutande un walter o una jolanda.

È vero che noi donne facciamo ancora fatica... ma in tutti i campi, mica solo in politica... e non è che obbligando il governo a eleggerci otterremmo dei risultati. Direbbero: quella è arrivata lì per via delle quote rosa, e non per via dei pompini, ma è la stessa cosa.

Non penso che sia quella la strada. Forse se ne esce solo continuando a lavorare bene e con onestà, facendo un mazzo così a questi, che si credono ai vertici solo perché gli pende tra le gambe un robino grande come un portachiavi.

Comunque alla fine di quella lunghissima giornata una deputata del Pd ha scritto un tweet che diceva: "Spero che lo spirito di Lorena Bobbitt accompagni stanotte i colleghi che hanno bocciato l'emendamento". Parbleu che finesse! La Bobbitt, per la cronaca, è quella che aveva tagliato il walter al marito. Se una cazzata così l'avesse detta un uomo apriti cielo. Si sarebbero scatenate le Erinni. E allora ho capito. La penso proprio come la Santanchè. Ciao Daniela, per una volta vedi che la pensiamo allo stesso modo? È sempre così, alla fine, fra donne di spettacolo ci si mette d'accordo... E a Daniela, invece del dito medio, ne faccio un altro. Il pollice. Ok?

Stendra

Una novità strepitosa per voi maschietti. È arrivata una nuova, nuovissima pillola dell'amore. Non per uomini duri. Per gli altri. Per gli uomini che devono chiedere sempre. Per, diciamo, gli uomini che sono teneri anche lì. La tenerezza nell'uomo è importante per la donna, ma non in certi siti.

Diciamo che ci piace il guanto di velluto, ma il pugno deve essere di ferro. Quindi: dopo il Viagra, il Cialis e il Levitra, arriva lo Stendra. Viene dagli Stati Uniti. Segnatevelo: Stendra, un incrocio tra "stendi" e "sventra"... come fossero le istruzioni per l'uso. Questa volta una pastiglia rossa, come l'ammoore... che ha la caratteristica di essere super potente. Ti mette il turbo. Ti alza la cilindrata in un botto. E soprattutto funziona dopo solo un quarto d'ora che l'hai presa. Tu la prendi e, come un motorino, quando giri l'acceleratore... *ffttt* impenni. Uguale. Tu la mandi giù e lui si tira su. Come il tè Infrè.

Diciamo che questo Stendra è come il lievito istantaneo. Serve non tanto per le pizze, ma per far lievitare il "calzone", capiscimi a me. Quindi devi fare molta attenzione alla tempistica. Ad esempio, se stai andando da lei in autobus, lo prendi, ma poi magari c'è traffico... e quando scendi, va a finire che hai obliterato tutti i passeggeri... non solo, ma c'è chi leggendo "Reggersi all'apposito sostegno" si aggrappa quando l'autobus frena e rischia che gli resti in mano.

Però, attenzione attenzionissima, dura poco. Un'ora. Hai presente un'ora? Cinquantanove minuti in più di quello che vi serve di solito... Un'ora tosto e poi un'altra cinquina di ore lentamente a sfumare... degradage. Comunque secondo me sessanta minuti bastano e avanzano. Oltre le due ore snerva. Io penso anche solo al trapano del vicino: dopo sei secondi busso già alla parete... figurati un trapano umano. Lo Stendra è il contrario del Cialis, che dura diciassette ore... E cosa te ne fai di un walter imbizzarrito per diciassette ore? Lo usi per spaccare le noci. Per piantare i paletti della canadese. Le pianiste lo picchiano sul diapason per fare il la naturale. È uno spreco. È come le macchine che vanno ai 240 all'ora. Tanto piacere. Se vai ai 240 all'ora ti ritirano la patente, allora tanto vale... cosa le fai a fare? O come quelli che mettono i termosifoni a manetta e poi aprono le finestre...

La vera meraviglia è che ha pochissimi effetti collaterali. Uno di questi è il rossore. Adesso non spiegano bene dove, sto rossore... se ti vengono i pomini come Heidi o il walter color carota, comunque ci sta: se il rossore è sulle guance, si scambia per amore, se è da un'altra parte fa tanto Belzebù. E, altro effetto collaterale, riscontrato in alcuni, è il naso un po' tappato. Vabe', anche quello ci sta. Sai quanti uomini sono disposti a dire: "Amore ti amo" con la voce della Cancellieri in cambio di un joystick di marmo di Carrara? "Amore quando ho un do' di raffreddore e il daso tappado sono più attivo sessualmente, hai dodato?"

No, perché guarda che la maggior parte delle altre pillole hanno un bel po' di effetti collaterali... che non sono proprio il massimo. Il Viagra ho letto che a lungo andare porta anche la sordità... ma pensa che sfiga. Tu sei lì con un Colosso di Rodi, fiero del tuo pistillo, e lei dice: "Tesoro sei fantastico". E tu: "Eh?". "Sei fantasti..." "Eh???".

Certo. Adesso cosa dobbiamo aspettarci? Quante idee della minchia verranno ancora fuori? La pillola che la prende lei e si irrigidisce a lui? La pillola tipo pastiglia per lavastoviglie, che la metti nelle mutande e parte la centrifuga? Quella col timer come il forno, che quando è a posto fa *tin!*?

Castoreum

Ho letto questa notizia pazzesca e per pura cattiveria voglio condividerla con tutti voi. Dunque, sapete quando c'è scritto negli ingredienti: "aromi naturali"? Ecco, bene. Voi cosa vi immaginate? Se tanto mi dà tanto un odore o un sapore che ha una derivazione naturale. Fiori, erbe, frutti, non so, al limite un po' di miele. E invece ho scoperto che l'aroma naturale di vaniglia deriva dal castoro. E da una parte specifica del castoro. Non voglio dire "culo" perché è un termine che sapete bene non mi appartiene... Diciamo dall'ano. Anzi, a voler essere precisi dietro l'ano. Giusto per darvi la piantina esatta: entri, giri subito a destra, sali e lo trovi al piano padronale, come gli uffici degli avvocati.

Questa sostanza è secreta dalle ghiandole anali che stanno alla base della coda. Queste simpatiche ghiandolette producono una pappetta marrone che il castoro usa per segnare il territorio. Come fanno i gatti quando vanno in calore che fanno *ft ft* con la pipì. E sta specie di marmelade, sta simil cacca, questa spuma odorosa, questo distillato di bestia, questa crème de castòr sa di vaniglia. E per quale mistero della natura questa paciarina olezza di biscotto? Perché il castoro si nutre di cortecce e foglie profumate, e quindi il prodotto interno lordo sa di Arbre magique. Te lo puoi anche appendere allo specchietto della Punto. Oppure ti fai amico un castoro, lo appendi con due bretelle in macchina e, quando vuoi cambiare aria, *prot prot*: gli premi la pancia e deodori.

Quindi per capirci: se viene a casa vostra un castoro e va in bagno, dopo non dovete neppure aprire le finestre, anzi. Vi sembrerà di essere in pasticceria... Il problema è un altro. È che però sta melassa, che si chiama Castoreum, è difficile da recuperare. Da estrarre. Tocca fare una specie di spremitura. E diciamo che il castoro non è contentissimo che gli si sprema il budoir. E posso anche capirlo. Cosa diremmo se ci premessero come un tubo di silicone per sigillare le fessure? Se ci schiacciassero i ciapet, sperando che esca buon odore? Penso niente di ripetibile.

Praticamente tocca mungerlo. Ma un conto sono le mucche di Pragelato, un conto è Don Chuck castoro. Ora, io dico: non è più semplice, nella vaniglia, metterci la vaniglia? Che cresce facile, e puoi raccoglierne quanta ne vuoi senza spremere niente? Ma pensa come sarebbero contenti i castori a non dover più passare la vita a camminare rasenti gli eucalipti guardandosi le spalle. Forse gli uomini fan fatica a capire, ma le donne che sugli autobus spesso vengono premute da dietro sanno di cosa sto parlando. Poi vai in paranoia.

Ma mi chiedevo. E se noi mangiassimo le cortecce e le erbe profumate succederebbe la stessa cosa? Perché se è così, io mio figlio lo tiro su a querce da sughero. Non hai idea di come migliorerebbero le aspettative di vita a casa mia... Guarda, metterei anche un castoro nei cessi degli autogrill, così quando arrivano quei pullman di tedeschi gonfi come boiler non sei costretto ad andare in bagno nelle aiuole spartitraffico. Comunque io non voglio più leggere articoli sul cibo. Non voglio assolutamente scoprire che magari l'anice deriva dalla prostata dello zebù, il cardamomo dai testicoli del mandrillo... che nessuno mai mi dica che la noce moscata si estrae dal tartaro dei denti dei muli, che l'incenso sono peli di gorilla bruciati e che il gusto puffo si ottiene tirando le balle alle lontre e sperando che scenda qualcosa. Non me lo dite. Non m'interessa. D'ora in avanti comprerò solo cose con su scritto "aromi artificiali". Mi sento più tranquilla.

Colon, stazione di Colon

Il dottor Yishai Ron e i suoi colleghi dell'ospedale di Tel Aviv hanno inventato una nuova pillola per curare la stitichezza. È uno dei temi caldi di questo millennio. La gente non evacua più. È tappata. Stoppa. Non rilascia, trattiene. Sarà per via della crisi, ma si tende a risparmiare anche lì. Comunque. Se dopo mestoli di Dolce Euchessina, che la prendi la sera e fa effetto la mattina, se dopo tonnellate di bifidus e litri e litri di clistere il problema ancora non è stato risolto, ecco che arriva la nuova, nuovissima capsula vibrante. Cioè una capsula che vibra perché dentro ha un piccolo motore.

Non sto scherzando. È tutto vero. Lei vibra, e grazie al suo effetto meccanico fa eruttare il vulcano... va a smuovere la maraja, come posso dire... e tutto scende. Avete presente come succede in quei tubi che usano nelle ristrutturazioni i muratori... che si sentono proprio le macerie che scendono, *rabadabam!* La cosa pazzesca è che essendo una pillola si inghiottisce. Però non ho capito: tu la mandi giù e quella inizia a vibrare nell'esofago, nello stomaco e nell'intestino? Tipo trenino elettrico, fino a quando arriva a destinazione ed entra in stazione: Colon, stazione di Colon.

Invece no, cari miei. Tu la mandi giù con un po' d'acqua come qualsiasi pillola, e lei se ne sta tranquilla a farsi digerire per sei o sette ore, e poi, quando il suo felice percorso di capsula l'ha portata nell'intestino, inizia a vibrare. Come il cellulare. La suoneria non credo che ce l'abbia, almeno per adesso, ma poi magari gliela mettono. Magari ci mettono Biagio Antonacci che canta *Mi fai stare bene* nella pancia. Per ora, però, vibra solo, e così favorisce i movimenti intestinali. Sei-sette ore tutto tranquillo, fino a che *vrrrrr...* parte. Così di colpo. Pensa che spavento. Cominci a vibrare come se facessi la maionese. E lì, se per dire sei su una spiaggia, all'altare che ti stai sposando o sul palco di Sanremo, la vedo dura. Più dura di prima. Anche dall'estetista: se sei lì che ti stanno tatuando le sopracciglia e cominci a vibrare esci che sei scarabocchiata come una lavagna... Pensa se ti stanno facendo un tatuaggio... *Bratatatatann!* volevi farti tatuare Che Guevara e viene fuori la famiglia Addams.

Dicono che favorisce la frantumazione. E che è? Una bomba? Tu la mandi giù e fa esplodere il granito? Il confetto Falqui, non sarà moderno, non sarà elettronico, ma sta fermo. Fa quel che può, senza frantumarci nulla. Poi, per carità, magari la pillola vibrante funziona, ma io la trovo un po' brutale... come se per sturare un orecchio ci mettessi un petardo dentro o per curare l'impotenza maschile facessi un'impalcatura in tubi Innocenti.

Ma ammettiamo che sia un'idea geniale. Perché far fare un percorso così complesso? Non si poteva inventare una roba in loco? La supposta vibrante, per dire... come un missile che viene lanciato dal basso e parte nell'iperuranio intestinale? Un fischione. Un razzo di quelli che usano i contadini per far piovere. Tu ti metti accovacciata e, se il missile è andato a buon fine, resti in quella posizione e aspetti i primi rovesci.

Oppure, visto che si tratta di vibrazioni, non si potrebbe mettere il cellulare in funzione vibracall e appoggiarselo sulla pancia, per dire?

E in futuro cosa si inventeranno, che se hai bruciore di stomaco mandi giù una pillola con un estintore dentro?

Ma poi sta capsula che fine fa? La recuperi, o finisce nel

water e fa vibrare tutto il condominio? Pensa la sera a cena con gli amici: "Sento un cellulare che vibra!" "No no, è la pillola per fare la cacca...".

Per chiudere vi dico solo che sta pillola l'hanno presentata per la prima volta a un convegno. E sapete dove? A Chicago. Giuro.

Un gancio per guance

Veronica, la ex moglie del sire, è stata fotografata di lato B su "Chi" ed è scoppiato il finimondo. In effetti mostra un discreto pandoro. Un rimorchio di una certa cilindrata. È già uno di quei retrotreni che non possono circolare nei weekend, un "trasporto eccezionale" che se ti sposti devi chiedere alla stradale di scortarti.

D'altronde, con tutti quegli alimenti... hai voglia a ingrassare. Sei over-alimentata. Fa già stupire che non sia diventata un silos, un deposito di granaglie. Sapete quei cilindri alti trenta metri che si vedono sparsi per le campagne? Comunque lei si è imbufalita. Dice che è una rappresaglia perché non è più la dama di Berlu. Io non credo. Signorini fa così con tutti. Forse lei prima era una specie protetta e adesso non lo è più.

Ma poi posso dire? Vero? Non sei più a chilometro zero, e allora? Fregatene. Ti ha offeso "Chi"? E tu fonda un altro giornale: il "Chissenefrega". Tanto i soldi ce li hai. Fai una rivista solo di donne ciccione che se ne sbattono, con la foto di una che si butta dal primo piano su una Cinquecento e la sfonda felice, la foto di un'altra con le cosce come due prosciutti Rovagnati che sradica una bilancia e la mastica. Foto dure, foto vere, foto di donne extralarge che si buttano nelle tonnare e mangiano tonni vivi e crudi... Goditela, Veronica. E fai anche i soldi.

Del resto ha ragione. Le donne a differenza degli uomini non possono mai permettersi di invecchiare. Tutti i segni del tempo ce li fate vivere come una colpa. Voi potete invecchiare e nessuno vi dice niente. Che la Merkel è una culona lo dice tutto il mondo, ma trovami uno che dica che Kohl è un trippone. Uno che dica che D'Alema comincia a somigliare a una di quelle zie dei libri di Oscar Wilde. Che Berlu è diventato uguale a Mao Tse-tung. Della Bindi hanno detto qualunque cosa... e perché di Scilipoti nulla? Vorrai mica pensare che è considerato una tentazione della carne?

Voi uomini siete sempre affascinanti, fighi, intriganti, e invece noi donne anche a ottant'anni dobbiamo metterci le tette cabriolet e i capelli color comò... voi potete avere quattro peli in testa, la pancia tonda del merlo e il culo a skateboard, e nessuno fa una piega. Ci sono maschi sopra gli anta che hanno le pieghe della faccia talmente a fisarmonica che se li vede l'orchestra Casadei li opziona; hanno più pieghe loro che curve la Cervinia-Courmayeur eppure nessuno dice "ba". Le donne no, non possono. Guarda la Kidman, che aveva annunciato urbi et orbi con un'enciclica che si era pentita del botox e aveva smesso di usarlo, e a Cannes si è presentata di plastilina: una maschera Kabuki, che bastava uno sternuto e le si sganciava il culo come lo stadio dei missili. L'unica davvero al di sopra della mischia è la Loren, che ha risolto la questione in modo definitivo facendosi impagliare.

Io dico. Già diventare vecchie di suo infastidisce. Snerva diciamo. Pensa poi se ci spanate in continuazione.

Perché dai quaranta in avanti ogni giorno c'è un crollino nuovo. Cominciano a partire le rivettature. Però tra le rovine di Pompei, che le lasciano crollare, e la Kidman che ogni quarto d'ora si fa una colata di calcestruzzo sottopelle, ci sarà pure un'onesta via di mezzo... Le labbra, per esempio. Ma tu, cara la mia quaranta-cinquantenne, lo vedi che quelle che si gonfiano diventano tutte Paperon de' Paperoni. Non faccio nomi altrimenti mi spalmano i germi della peste suina sul citofono, ma basta guardarsi attorno. Lo sai, che diventi così. Lasa perde? Tieniti il labbro fessurato della cinquantenne che ha vissuto. Non sarà granché, ma l'alternativa fa cagare, amore.

Non è che puoi passare il tempo a tirarti su. E tiri su le palpebre, e tiri su gli zigomi, e tiri su le tette, non ti passa più. Forse l'unica è tenere le orecchie come gancio. Tipo quello a ventosa in cucina dove appendi la qualsiasi, dal grembiule allo scolapasta. La soluzione è quella: attaccare tutto alle orecchie, tette trippa occhiaie guance e lato esterno coscia. Magari non diventi bellissima, ma almeno sembri una tensostruttura di Renzo Piano.

Electric Eel

I forsennatissimi studiosi dell'università di Atlanta hanno inventato un nuovo strumento dell'amore. Drizzate bene le orecchie. Cosa sarà? Una cintura di castità di liquirizia? Un reggiseno in domopak che si usa una volta e poi ci si conserva il merluzzo? No. Questo nuovo strumento dell'ammore si chiama Electric Eel. Che tradotto significa... anguilla elettrica. Te lo dico in francese: Capiton Electrique.

E cos'è questa anguilla elettrica? È un profilattico, ma elettrico. Tipo scaldabagno. Un profilattico che alla base ha degli elettrodi dove scorre la corrente e che quando gli dai il via partono a manetta e ti danno un frisson. Un fulmine di piacere. Una botta di corrente alternata laddove la noia trionfa da anni. Così oltre al ciupa puoi anche farti la permanente. Se hai un compagno poco dotato, lo adoperi da bigodino e lo usi per farti la piega.

Però io non ho capito. E come arriva la corrente? È a filo o a pile? No, perché avere un filo da attaccare alla presa Siemens non è comodissimo... Nel turbine della passione magari ti agiti, e finisce che ti aggrovigli come una triglia dentro una rete a strascico. Ma, per dire, se vuoi fare l'amore in macchina lo attacchi dove c'è l'accendino? Se non paghi la bolletta, ti staccano il walter? Tante domande, nessuna risposta. Ha le pile come il telecomando? E dove te le infili? Sei nudo, non è che rimangono tanti posti. Poi magari le devi anche ricaricare. "Amore, ti aspetto a letto!" "No, guardati un po' di 'Porta a Porta' che devo aspettare... dieci minuti che faccia effetto il Viagra e venti che si ricarichi il preservativo!"

Però è utile in casi estremi. Tipo, quando il walter prende una brutta china puoi intervenire come in "ER medici in prima linea". Una botta da 220 che il walter ti decolla come un Apollo 13 con sopra Parmitano! Si divide in tre stadi e con l'ultimo spacchi il lampadario... Ma soprattutto la domanda è: alle donne piacerà prendersi la scossa nei paesi bassi? Abbiamo già tanti problemi... lavoro, casa, figli e suocera, ci manca ancora che ci folgoriamo ciupando.

Senza contare che, se c'è un cambio di tensione, ciao. Il walter s'impenna come una moto da cross, o vi si brasa, vi viene con le righe nere come i würstel quando li fai alla piastra.

E se invece si scarica di colpo? Lui chiede: "Amore? Ti è piaciuto?". E lei risponde: "Sì, mi è piaciuto, ma la prossima volta regalami un Moulinex".

Favorisca il parfum... d'identité

Ecco qua. Sento odore di primavera. Nell'aria c'è polline di me. Eh già. Avete letto? Un gruppo di scienziati madrileni ha scoperto un nuovo modo per identificare le persone. E sapete qual è? L'odore. Sì. Tra qualche anno, affinando la tecnica, si potranno identificare le persone annusandole. Sniffandole. Pare che ogni essere umano abbia il suo odore, che ciascuno tanfi a modo suo e ogni ascella sia unica.

Guarda che è una figata. Io sarei bravissima con gli odori. Io so riconoscere a che piano è quello che ha fatto bollire i cavoli e da quale altro è sceso quello che rovina l'atmosfera nell'ascensore. Io c'ho un naso da cane da caccia. Anche senza guardare la suola riconosco il mocassino che ha pestato una cacca. E io ho un nasellino un po' così, pensa Amadeus, che ha un calumet della pace. Sente se sta arrivando Carlo Conti già da quattro isolati prima. E Ibrahimovich, con quel trompe l'oeil? Negli spogliatoi gli basta annusare l'aria e non ha bisogno di sapere chi ha convocato il Mister.

Ma ti rendi conto? Tra un po' di anni quando ti fermerà la polizia invece di chiederti i documenti ti annuserà. Faccia sentire? "*Snifff*... eh, ma lei è Scaramuccia Cosimo di Cosa Nostra! Favorisca in caserma." Anche al bancomat: non devi più digitare il PIN, ti basta appoggiare l'ascella. Pensa la comodità. Anche il telepass. Tu arrivi, lui percepisce l'odore e alza la sbarra; ma devi puzzare un casino, perché altrimenti non si solleva e travolgi il casello. Pensa in aereo al check in: basta file interminabili e spogliazione semi completa; si alza il braccio e via.

Formeranno gente specializzata? Dei sommelier che annusano i calzini negli aeroporti? "*Sniff*, questo è un Formigoni del '56, con un leggero bouquet di Cuccarini e un coté amaro di Costantino Vitagliano di 'Uomini e donne'." Magari ci sarà uno strumento, tipo l'odeur detector, che dal tuo olezzo ti dice chi sei. Lo dico per Berlu: sai che non può espatriare per andare a Dublino? Metti che provi a presentarsi in aeroporto con la barba finta. *Drinn*, suona l'allarme e parte "Attenzione che Silvio c'è". Però pensa che bello. Quanti miliardi di odori in più conosceremo. "Mhmmm... senti che odore di Giovanardi... preferisco un odore di Belen con una punta di Barbara d'Urso." "Buongiorno, vorrei un'acqua di Colonia a base di Vetiver e Sgarbi quando si incazza."

Tra l'altro poi l'odore delle persone cambia a seconda anche dello stato d'animo. Rischi di confonderti. Per esempio, quando dai gli esami all'università ti viene un'ascella fetida, cattiva. E quando mangi la bagna cauda piena d'aglio? Dall'odore che trasudi stermini i vampiri a distanza. Invece quando sei innamorata sai di caprifoglio e mughetto Penhaligon's. La mia amica Emma quando doveva dare un esame puzzava di ammoniaca, invece quando è venuta a "Che tempo che fa" e c'era George Clooney l'ho annusata. Sapeva di lenzuola e Nespresso.

Gabriel Cargo

Hanno tagliato Gabriel Garko. Allora. Vi spiego. Garkolone ha fatto Rodolfo Valentino in una fiction che hanno tagliato già nella prima puntata perché c'è una scena di nudo integrale, e quando dico integrale dico integrale, dove si vedono anche tutti i cereali, due per la precisione, più il carrube. E quindi è partito il gran torrone per il taglio del torrone. Insomma, Piersilvio non ha voluto far vedere Garko nudo. En plein air. Gabriel come mamma Garko l'ha fatto. Faccio un appello a Piersilvio. Piersy? Berlu Junior? Berlino?

Ma sei sicuro? Guarda che nascondere le vergogne di Garko è come tirare un calcio in culo a un quadro del Mantegna. È vilipendio alla nazione. È sacrilegio... Scusa poi non ha senso, Gabriel fa Rodolfo Valentino, mica papa Roncalli! La televisione brulica di donne nude e seminude che ridono di gioia perché hanno l'assorbente nuovo morbidissimo, ci sono più tette e culi in tv che mosche su un letamaio, e per una volta che si spoglia un maschio lo tagliamo? Rodolfo Valentino era un trombeur de femmes, lo vuoi far vedere sul pezzo? Sul lavoro? Se fai un film sulla vita giovanile di Mario Monti tagli i nudi se ci sono, ma Rodolfo? Due chiappette sode qua e là sono come il prezzemolo: stanno sempre bene... Forse l'hanno tagliata perché c'è questa scena proprio all'inizio in cui lui, Rodolfo, che in verità si chiamava Guglielmi, si spoglia dei vecchi vestiti, si mette il profumo e si prepara alla nuova carriera. Ed è lì che nello spoglio, diciamo, si vede l'ambaradan. Solo che ho scoperto una cosa. Che mi fa dire: Piersilvio, un po' ti capisco. Che sta scena di nudo integrale durava la bellezza di quindici secondi. Quindici secondi??? Sono tantissimi! E quanto ce n'è, se per fare una panoramica ci metti tutto sto tempo? Cos'ha lì sotto? Un tonno rosso? Un flacone di Merito, l'appretto con il manico? Un abuso edilizio, un nuraghe... Altro che Gabriel Garko, Gabriel Cargo.

No, io pensavo un secondo, due, tre al massimo... un dettaglio, un primissimo piano, un'immagine di forte impatto, un bendidio della durata di un lampo. Mica il palio delle contrade. Ma tu prova a contare. Immagina la macchina da presa lì e poi conta: uno, due, tre, quattro... hai voglia per arrivare a quindici! Un urologo a fare una visita della prostata ci mette meno... In quindici secondi scoli la pasta, la passi in padella e assaggi se è cotta... Ma poi io dico: se ci vogliono quindici secondi per Garko, per inquadrare Rocco Siffredi cosa fanno? Un documentario? Un "corto" del lungo?

Vabe', solo una cosa. Volevo fare un appello al vandalo che ha già tagliato le scene: signore che ha tagliato le scene... non le butti via, la prego. Por favor señor. Non butti quelle reliquie. Le tengo io in cassetta di sicurezza. Raccolgo io l'umido, a casa ho un termovalorizzatore.

La cresta di Balo

E parliamo di Balo. Mariolone Balotelli. Balo che ha riconosciuto la figlia della Fico. Se aspettava ancora un po' la riconosceva quando passava per strada... chissà se per fargli capire che era stato lui gli hanno dovuto far vedere l'azione al ralenty... comunque. Il ragazzo con l'orecchino di pirla ha dichiarato: "Voglio dare una svolta alla mia vita". Parbleu. E cosa vuole fare Balotelli? Rispettare i semafori rossi, esultare con garbo settecentesco e fare il volontariato a Lampedusa? Ballare con Bolle? Balo e Bolle? No. Il Ballottoliere ha deciso di rifarsi la cresta. Ah... menomale. Sai che adesso sto meglio? Erano mesi che ci pensavo e mi dicevo: ma cos'è che mi tormenta? Cos'è sto tarlo che mi rode dentro? Sento un'infelicità, una mancanza, un vuoto nell'anima... Ecco cos'era!!! Certo! La cresta di Balotelli.

Il Balone è tornato a essere il galletto Vallespluga dell'area di rigore, il mohicano di Milanello: gli hanno fatto la tonsura più tamarra del Campionato di serie A. Praticamente si è fatto uno spartitraffico di pelo in mezzo alla testa, che tra l'altro parte dalla fronte e arriva quasi sulle scapole. Una criniera. Non capisco se è un effetto fotografico, o se Balotelli ha la testa lunga come un affluente del Po. Poi, se vedi le foto, il barbiere è pettinato normale, e a lui fa i ghirigori. Gli scalpella le tempie. Il che conferma un po' l'ipotesi delle malelingue che Balo ha la testa di legno.

E sul "Corriere della Sera" l'hanno anche intervistato il barbiere, che vive a Cazzago... Cazzago San Martino. Ma come, intervisti il barbiere di Balotelli? Ma non è che ci stiamo bevendo il cervello? No, dico, se parte sta moda qua domani il Tg1 apre con un'intervista all'urologo di Pirlo o all'otorino di Montolivo che gli ha appena sturato le orecchie col cono incendiato... È anche vero che l'acconciatura è uno dei problemi principali e sostanziali dei nostri calciatori. Non ce n'è più uno pettinato normale. Forse solo Totti. Gli altri sembrano tutti uccelli del paradiso. Tutti Plastic Bertrand... Non sembrano neanche più partite di calcio, sembrano concerti dei Kiss, o uno scontro fra tribù del Nordamerica... con in mezzo l'arbitro-generale Custer. Se il tempo passato a pettinarsi lo passassero a pensare, a quest'ora sarebbero tutti Einstein.

Gli storni di Roma

Parliamo di argomenti seri. Parliamo di cacca. Eh, purtroppo sì. Lo sapete che io preferirei qualsiasi altro argomento, dall'astrofisica alla filosofia di Talete, però è piovuta merda, amici miei.

Sì. Ma non cacca metaforica. Proprio quella vera. È successo in Cina, all'aeroporto di Pudong vicino a Shangai. La gente una bella mattina ha cominciato a sentire dei goccioloni, *pititic pititoc*, e ha detto: "Sarà un temporale...", uno di quegli acquazzoni che vengono a gocce rade, un monsone fuori stagione... Poi hanno guardato bene bene ed era cacca. Praticamente c'è stata una perdita dai contenitori settici di qualche aereo che stava atterrando, per cui si sono aperte le cloache celesti. E in quella mattina radiosa la gente ha alzato gli occhi al cielo e per la prima volta ha detto a ragione: "Che tempo di merda!".

Per carità, a volte succede che ti faccia la cacca in testa un piccione, ma cosa succede se ti fa la cacca in testa un Boeing 747 di settanta metri? Ti glassa come un profitterol! Pensa alle massaie cinesi che avevano appena steso il bucato e si sono trovate sulle lenzuola il prodotto interno lordo di un magnate russo. Altro che occhi a mandorla, ti vengono. Immagina il marito che torna a casa tutto contento dopo aver comprato la macchina nuova e dice: "Amole ti piace?". E lei: "Che colole di melda". Oppure le amiche che si incontrano: "Oh, ciao Ciciu, hai fatto le meches?"; "Io no, tu piuttosto cosa fai con un croissant sulla testa?".

Ma dove siamo arrivati nel percorso lento e faticoso dell'umanità, se riusciamo addirittura a cagarci in testa?

Al massimo, in Italia, ti scagazza in testa un piccione, oppure uno storno, come a Roma, che in autunno ne ospita solo quattro milioni... ebbene sì, Roma è invasa. Stormi di storni, che sono degli uccelli neri che mangiano un casino, scagazzano da bestia, volano in formazione come le frecce tricolori e hanno tappezzato Roma di guano. L'hanno inguanata. E per colpa di questi caccabombardieri il lungotevere è moquettato, l'Ara Pacis sembra un enorme marron glacé, e i turisti cinesi hanno di nuovo alzato gli occhi al cielo e hanno detto: "Eh, ma anche qui sto tempo di melda!".

Ma io pensavo una cosa... come mai solo a Roma? Perché sti storni cagarelli non hanno invaso Terni, Perugia, Orbetello o Sulmona? La domanda è: non è che fanno la cacca su Roma perché ci sono i politici? Loro che possono? No, perché, se avessi le ali, anch'io sarei tentata, sai? Se fossi una storna, una cavallina storna... andrei a Montecitorio come la gabbiana Livingstona... e... *paf!* gli farei dei passamontagna di guano prezioso per le agricolture. Prima mangerei roba pesante: nocciole, castagne... per fare un bel mandorlato consistente, così quando bombardo la sentono bene che arriva, fa proprio il fischio del missile *fiiiiiii*...

Che poi tra l'altro non è che ci voglia molto per risolvere il problema. Basta potare i platani che sono il posto dove gli storni fanno il nido, e poi mettere degli altoparlanti con i versi di uccelli loro nemici, che li fanno scappar via. Costo previsto: centomila euro. Peccato che il comune di Roma non ce li abbia. Ma come non ha centomila euro? Con quello che si sono mangiati? Organizzare una festa in costume da maiali costa molto di più! Ma scusa, ne spendono trenta volte tanto a ripulire... Poi quella roba lì corrode, finisce che l'Ara Pacis diventa un pezzo di Leerdammer e il Colosseo un colapasta. Passa Anna Oxa e dà di nuovo il giro... senza ballare sotto le stelle ma solo scivolando sulle cacche. Bastano venti storni con tanta voglia di fare e Rutelli diventa un dalmata. Il sindaco Marino ha detto che questi soldi non ci sono per colpa di Alemanno, Alemanno ha detto che non ci sono per colpa delle giunte di sinistra, le giunte di sinistra diranno che la colpa è di quelle di destra, finirà che i colpevoli sono Tullo Ostilio, Anco Marzio e Tarquinio Prisco. Ma Marino non può prendere Verdini, la Santanchè e Bondi, che stanno lì a far niente, e mandarli a scacciare gli storni?

Ma che prenda Sgarbi. Lo mette lì sul lungotevere a berciare e via. Non scappano neanche, gli storni. Vengono giù stecchiti e Marino li offre come rinfresco al Festival del Cinema. Altrimenti organizziamo una colletta noi altri? Lanciamo la campagna "Adotta uno storno e convincilo a cagare altrove"? Ma io ho capito perché arrivano tutti qua gli uccelli... Perché c'è Francesco. C'è papa Francesco. Frankienergy che parla agli uccelli. E fra un po' arriveranno anche i lupi. Per ora abbiamo solo Maurizio Lupi, ma ho paura che sia questione di un attimo.

Possibile che da noi in Italia tutto diventi un problema insormontabile? Anche la cacca di uccello? Guardate all'estero: c'è gente che ha coraggio, che si batte per degli ideali. L'hai visto quello che in Russia si è inchiodato gli amici di Maria davanti al Cremlino per protestare contro il regime di Putin? Un artista russo. Si è messo nudo, col suo bel martello e i chiodi del dieci... e ha tirato fuori i maron che essendo a Mosca saran già stati glassè, e *pim pim pim* si è inchiodato le balle al pavimento della Piazza Rossa. E senza dire né "a" né "ba". Pare che abbia urlato solo quando si è dato il martello sul dito. Si è fatto le palle chiodate. Così le può usare anche in inverno perché aderiscono all'asfalto quando nevica.

Tra l'altro tempo fa si era inchiodato la lingua, quindi c'ha un po' sta fissa. Di inchiodarsi qualcosa. Piotr? Io spero solo che tu te le sia inchiodate perché avevi finito la colla... perché col Vinavil ti saresti fatto menomale. Ma poi scusa, Piotr, ti inchiodi le palle per fare uno sgarbo a Putin? Figurati a Put cosa gliene frega! Quello è capace di stuprare un orso bianco, se gli gira. La mattina per svegliarsi si tira in faccia uno storione... Se proprio vuoi fare uno sgarbo a Putin devi inchiodargli le sue, Piotr. Però mi chiedevo: ma un politico italiano, per difendere i diritti civili, per una causa giusta, insomma... avrebbe il coraggio di inchiodarsi i maroni? Secondo me no. Però sarebbe pieno di italiani disposti a inchiodarglieli.

Se parte la moda io mi compro la sparapunti.

Ciupa sopra la media mondiale

Veniamo alla notizia parpagnacca che diverte ma non stracca. In questo momento così impegnativo per l'Italia, finalmente una buona notizia. Da una ricerca condotta dall'Associazione Ginecologi e dalla Società Italiana di Urologia, quelli che studiano la jolanda e quelli che studiano il walter, risulta che gli italiani in fatto di ciupa sono sopra la media mondiale. Lasciatemi dire, che se non ne parlo io in Italia di questi argomenti chi ne parla? Luciano Onder? Quello è fissato sulla prostata e sul ginocchio valgo. E Piero Angela non può perché quando parla gesticola.

Dunque, il prodotto interno lordo va male ma il prodotto esterno ciupesco funziona. Le coppie italiane hanno in media 108 rapporti l'anno. Che mal contati fanno circa nove ciupa dance al mese. Il tutto sarebbe una bella notizia, non fosse che per quattro milioni di coppie questi rapporti durano solo due minuti l'uno... cioè noi facciamo l'amore moltissimo ma con amplessi di 120 secondi. Due minuti! Neanche il tempo di levarsi le mutande.

Ci vogliono mutande a sgancio rapido o fatte come i paracadute, che si aprono da sole. Ecco perché siamo a crescita zero: l'amore diventa un apostrofo rosa tra le parole "Già" e "fatto". Ci si mette più tempo a inviare un tweet. *Frrtt*. Fine. Sì, perché il problema è che il maschio si accende subito ma si spegne anche subito. Fa come il salvavita della luce quando va in corto, che lo accendi e non sta su. Il tempo del raglio dell'asino: Yy... ahh...

Altro che il tantra yoga di Sting. E poi il bello è che hanno fatto pure una classifica e pare che i più tosti e calienti sotto le lenzuola siano i meridionali. In prima fila i siciliani. I siculi sono quelli che consumano di più le lenzuola. Compare Turiddu dà tantissime soddisfazioni. Anzi, sarebbe meglio chiamarlo compare Duriddu. Comunque il problema è soprattutto vostro, cari miei, di voi maschi. Dovete imparare a dominare il delirio dei sensi. In quei momenti dovete pensare a qualcosa di brutto, qualcosa che vi aiuti a resistere e a controllarvi. Pensate che mentre fate la doccia si spegne la caldaia. Pensate che al posto della vostra amante ci sia Oscar Giannino, per dire... Dovrebbe farvi rallentare abbastanza. Altrimenti provate a pensare che state correndo sulla carta vetrata e per frenare usate gli amici di Maria. Fa impressione ma aiuta. Oppure chiudetevi le dita nel cassetto del comodino o stringete un fazzoletto tra i denti come facevano i cowboy quando gli toglievano la freccia...

No, perché, dice l'inchiesta, con sti rapporti lampo-a-ciel-sereno la metà delle donne pensa a un altro uomo. E una su cinque, frustrata e insoddisfatta, passa dalla fantasia ai fatti e dopo un anno tradisce o rompe la relazione. Però anche iì: rischia di finire di nuovo con un altro che a letto fa come l'autovelox.

Flash. Finito. E poi ti manda pure la multa a casa.

Elogio del bidè

Il mondo va a rotoli. E purtroppo sono rotoli di carta igienica. Eh già, perché per fare quel rotolo, quella pergamena su cui ciascuno di noi, esimio intellettuale o rozzo ignorante, scrive giornalmente un fiume di cagate, sta scomparendo la foresta boreale. I grandi produttori di carta igienica si rifiutano di utilizzare materiale riciclato perché dicono che non è abbastanza morbido, e continuano ad acquistare trucioli provenienti da taglio di legname vergine. Il che vuol dire che stiamo buttando tonnellate di alberi nel cesso. Allora. Mi rivolgo al mondo. No, perché a sto punto bisogna anche un po' guardare al di là del nostro water.

Ma io dico: ha senso? Anche perché, onestamente, ricordiamoci sempre a cosa serve la carta igienica. Ora gli spot sono tutti un fiorire di cagnetti, margheritine che saltano, principesse nella torre: sembra che facciano la pubblicità di un velo da sposa. D'altronde hanno anche ragione... non è che per fare lo spot di una carta igienica puoi far vedere uno dietro il cespuglio che cerca con la mano qualcosa e appare il rotolo per magia. E quindi ben vengano le allegorie, ma la realtà è che quei rotoli così deliziosi servono per pulirsi il culo. Tocca dirlo. È uno sporco lavoro ma qualcuno deve pur farlo. E non è che quella sia una zona che ha bisogno proprio del piumino da cipria, della morbidezza di un piede di neonato o della cedevolezza di un pampino di vite o di una fetta di prosciutto. Va bene anche meno. E menomale che il Creatore non ci ha programmato che facciamo la cacca spesso come i piccioni e abbondante come le mucche. Altrimenti a quest'ora avremmo già rasato tutti gli ippocastani di corso Regina.

Io non dico di tornare ai giornali tagliati a rettangoli come ai tempi di mio nonno o alle schedine del totocalcio... Quando ero piccola i miei avevano la latteria e il cesso nel cortile per tutti i negozianti della strada, e c'era un chiodo con appese trenta o quaranta schedine... luuucideee. Tu le appoggiavi e loro partivano via come dischi da curling. *Swit swit swit*... ne dovevi usare anche sette-otto, una via l'altra: sembravi un croupier che dava via le carte a chemin de fer, tra l'altro con esiti francamente discutibili. Allora: io non dico di tornare indietro, ma di andare avanti. Usiamo la carta riciclata. Ricicliamo tutto, dal denaro ai politici... perché la carta igienica no? Personalmente, rinuncio volentieri a venti piani di morbidezza, e mi accontento di un piano rialzato di soffività, un seminterrato di mezza arrendevolezza. Altrimenti alla fine avremo il rimorchio morbidissimo ma senza l'ossigeno per respirare.

Tra l'altro, scusate, à la guerre comme à la guerre, i grandi colpevoli di questa mattanza sono i Paesi che non hanno il bidè. Noi italiani saremo anche un Paese di teste di cavolo, ma almeno non siamo maiali. Gli altri Paesi fanno tanto i fighi, tanto avanti, e poi non hanno manco una vasca per farsi un semicupio. Hollande che va in giro a somministrare squinzie a destra e a manca, per dire, non si fa il bidè. I francesi hanno il paté ma non hanno il bidè. E non è che possono farsi il bidè col paté. E i tedeschi? Pure. La Merkel, che ne ha da lavare, c'avrà un prodotto interno lordo di una certa consistenza... Nein!!! Se regali un bidè alla Merkel ci fa dentro la spaghettata. Loro dicono: "Eh, ma noi abbiamo la doccia". Ho capito. Ma non è che tutte le volte che fai la cacca ti fai anche la doccia, perché altrimenti non ti passa più. E se ti prende la velocissima, cosa fai? Stai sotto la doccia tutto il giorno? Lo credo che poi buttiamo giù le sequoie. Certo. Ogni evacuescion è un gomitolo di mangrovia. Una cagatella da due lire e parte mezzo cedro libanese. Che poi per voi uomini nella metà delle situazioni è più facile: voi avete uno strumento mobile, lo potete direzionare un po' come volete anche sotto il rubinetto, ma per noi è un casino. Noi dobbiamo arrampicarci sul lavabo come bonobi, tirar su le gambe come la Parisi quando cantava *Cicale*. Altro che Apollo 11. Il bidè è un piccolo passo per l'uomo e un grande passo per l'umanità.

Ma scusa, Renzi. Che vai in giro per il mondo e incontri tutti i capi di Stato. Caro Renzi, ascoltami. Quando vai in Europa, fai così. Fregatene dello spread, dei tassi, della tobin tax, di' sempre di sì, molla su tutto. Chiedi solo una cosa: una legge che renda obbligatorio il bidè. Capisci che abbiamo svoltato? Il primo bidè del mondo si trova nella Reggia di Caserta! Convertiamo la Fiat! Marchionne smette di fare Panda e fa bidè. Tanto la differenza tra un bidè e una Panda è minima... Luxottica, Giugiaro, Barilla, Giovanni Rana, Rovagnati, Gobino: tutti a fare bidè. Mastrota diventa ambasciatore, la Marcuzzi fa gli spot per mostrare come si usa e Landini stappa il Gancia spumante.

Dal ginecologo con le autoreggenti

Sentite un po' che storia befera. Che vicenda squinzia e saccomanna. Succede in Puglia. Terra di trulli. La nostra California, dove le zucchine sono grosse come paracarri. A Gallipoli, sulla porta della Asl, è comparso un cartello con un'inquietante scritta in stampatello sbirgolo: ABBIGLIAMENTO CONSIGLIATO PER LA VISITA GINECOLOGICA: GONNA E AUTOREGGENTI. Lo giuro sulla testa di Denis Verdini, che la testa ce l'ha enorme. Gonna e autoreggenti. Tanto valeva aggiungere: "Possibilmente gonna con lo spacco, così basta un'alzata di sipario e via". Oppure scrivere: "Prima di venire in ambulatorio fate un po' di riscaldamento, così entrate in spaccata come Heather Parisi".

Al capo della Asl è partito un embolo, che c'è mancato poco che con le autoreggenti strozzasse tutti quanti. Ma ha ragione... da quando in qua una va a fare la visita dal ginecologo con le autoreggenti? Forse nei film soft porno. Tra l'altro già la posizione sulla poltrona del ginecologo è molto impegnativa. Sei messa come una rana di Galvani. Come il coniglio dal macellaio. Un libro aperto. Una quaglia, sai che te la vendono già con le zampe in spaccata... Ma poi te le vedi quelle belle signore anziane pugliesi con le calze e le scarpe nere che hanno appena finito di impastare le orecchiette? Secondo me a loro le autoreggenti non stanno su neanche se ci passano una mano di colla vinilica.

Io tante volte sono stata dal ginecologo, ma non ho mai pensato a come vestirmi. Certo, è meglio evitare la tuta da palombaro, la muta da sub la sconsiglierei, ma per il resto va bene tutto. E poi tutto questo perché? Per fare prima? E quanto ci metterai a levarti un paio di collant? Tre secondi. E le mutande? Voi maschietti, quando siete in modalità ciupa, ci impiegate un secondo e dieci decimi a togliercele, e senza il vento a favore, e allora! La cosa importante è farsi un sontuoso bidè. Ma è mai possibile che una povera donna non abbia neanche dieci minuti di tempo per fare una visita medica in santa pace? Ma allora esageriamo. Organizziamo una batteria di tope, una sfilza di jolande en plein air, venti madame smutandate che entrano in ambulatorio ballando il can-can e sventolando la sottana. E se devono fare la mammografia? Nessun problema: tette al vento. Così la sala d'aspetto dell'ospedale sembra poi la Pellerina alle 11 di sera. Pensa poi quando vai a comprartele.

"Buongiorno, vorrei un paio di autoreggenti."

"Come? Di pizzo, di voile, di seta, di shantung?"

"Mah, faccia lei, sono per andare dal ginecologo."

Che poi si rischia anche di creare dei malintesi, delle situazioni imbarazzanti. Torni a casa e il marito ti chiede: "Dove sei stata?". "Dalla dottoressa." "MA CON LE AUTOREGGENTI?" "Eh, me l'ha ordinato il dottore..." In un baleno hai già le valige sul pianerottolo.

Ultima domanda che sorge spontanea: ma in quella Asl i maschi con l'impegnativa per la prostata devono andare col kilt e già piegati a 90°?

La pizza con gli smeraldi

Periodaccio per il sire. Continuano a tracimargli i soldi dalle tasche. Anche la Veronica mensilmente ci mette del suo da quando ha vinto la causa. Berlu ha dovuto pagare. Tutta colpa di Ghedini, che non è ancora riuscito a far cadere in prescrizione i matrimoni. Fino all'ultimo Nicolone aveva cercato di convincere la corte che Berlu non ha mai sposato nessuno e in vita sua ha avuto solo un flirt con Cicchitto, ma non c'è stato niente da fare. Per cui alla fine i giudici hanno stabilito che la Lariona si sarebbe imbertata tre milioni di euro al mese. Avete capito bene. Faccio lo spelling: T come Torino, R come Roma, E come... Ecchecavolo! Sono trentasei milioni l'anno... cioè un milione in più di quanto era stato destinato nella Legge di Stabilità agli interventi per L'Aquila.

Poi per carità. Più di vent'anni insieme a Silvio... ma non c'è cifra! Per ventidue anni di canzoni Berlu-Apicella, trentasei milioni di risarcimento erano pure pochi... Poi la causa gliel'ha fatta anche Berlu, e così la paghetta si è dimezzata: adesso prenderà solo un milione e mezzo al mese. Sono preoccupata: ce la farà, povera donna? Mi arriverà a fine mese? Se va oltre la tonnellata di tartufi alla settimana sfora il budget. Guarda che basta una bici d'oro e i soldi già non bastano più, eh? E se per farsi l'orto vuole comperarsi la Puglia deve pagarla a rate.

Se vai a vederla da vicino, la paghetta è di circa quarantaseimila euro al giorno, neanche tanto. E vai dalla parrucchiera, e fai lavare la macchina, e comprati un rococò da ventimila euro, e portati a casa un Modigliani... ciao... guarda che se solo porti i cani da Diego Dalla Palma a farli pettinare, mille euro se ne vanno tutti... Magari ti va di farti fare una pizza un po' speciale con gli smeraldi al posto dei capperi, ed ecco che quarantaseimila forse non bastano... Se poi ti vuoi togliere anche la soddisfazione di pisciare su un tappeto persiano e poi di buttarlo via dopo la minzione, rischi che sfori.

Ma cosa fa per spendere quarantaseimila euro al giorno?! Si lava i denti con lo champagne e gioca a golf coi tartufi?

Fai così, Vero. Non sapessi come spenderla, tutta sta grana, ti do io dei consigli. Primo, la macchina fattela lavare da Shakira. Secondo, ti fai portare a casa gli ananas direttamente dall'uomo Del Monte. Terzo, il WcNet lo riempi di Chanel N°5 e al posto dei rotoloni Regina usi i biglietti da cento, che sono più spaziosi. Poi, per rompere le noci fai venire a casa direttamente i boscaioli dal Tirolo che le rompono con gli amici di Maria, e l'aspirapolvere fallo guidare da Alonso. E da ultimo, per decidere quali biscotti mangiare a colazione, chiuditi in sala riunioni con Banderas e la gallina...

Le lenzuola di Lady Gaga

Parliamo di Lady Gaga. Di Lady Gagona. La Gaghetta ha rivelato ai giornali che spende centomila dollari l'anno in lenzuola. Parlapà. Ma neanche Pisolo... Dice che quando è in tournée si porta le lenzuola da casa perché quelle degli alberghi le schifa. Non si fida. Ha la fissa dei germi come Michael Jackson, e speriamo che non finisca come lui a vivere in una camera iperbarica.

Posso dire una cosa? Scusa Lady. Gaga? Te lo dico con pardon. Se non vuoi le lenzuola degli alberghi perché hai paura dei batteri, cosa mi dici dei water? Il water è ancora peggio... Certo, ti mettono sopra a sigillo il nastro di carta tipo quello che infilano sui cabaret delle paste perché non si sminchi la panna degli chantilly, ma non c'è da fidarsi. Se sei sfortunata trovi dei batteri grossi come usignoli. E cosa fai allora? Sradichi il cesso a mani nude come faceva l'indiano in *Qualcuno volò sul nido del cuculo* e lo butti giù dalla finestra? Giri con un set di cessi della Pozzi Ginori nello zaino? Un trolley pieno di bidè? O appoggi sull'asse dei fazzolettini sterilizzati dalla Nasa che poi quando ti siedi volano via? Ammettete che lo fate anche voi. Io, sui water sconosciuti, dove possono esserci tracce di culi sospetti, prima di sedermi faccio il rivestimento dell'asse con la carta igienica. Tre pezzi: uno lato destro, uno lato sinistro, uno al centro, come la difesa dell'Inter. Poi, quando mi siedo, lo spostamento d'aria li fa volare via e *plaf*, finisce che metto il didietro *nature* sull'asse così com'è.

Comunque. La cosa positiva è che Lady usa solo lenzuola italiane, di una ditta toscana. Ho visto il prezzo su eBay. Una parure matrimoniale costa la bellezza di 2.350 euro. Con due lenzuola compri una macchina usata. Se la convinciamo a bere nei bicchieri di Murano e a cambiare la Lancia Thema ogni mezz'ora portiamo il PIL in attivo. Ma poi dove le tieni tutte ste lenzuola? No, perché gli armadi della biancheria di una donna normale sono le porte dell'inferno... Le butterà via dopo l'uso nel bidone dell'indifferenziato? Secondo me la Gaga ha un bilocale su Central Park solo per le lenzuola.

Ma com'è che ste pop star americane battono tutte i coperchi? Guarda Madonna. Lei invece quando è in tour si porta dietro una squadra di "sterilizzatori" per togliere dal camerino le tracce del suo materiale biologico: capelli, peli, saliva, sudore... perché ha paura di essere clonata. È terrorizzata che la fotocopino dal suo DNA. Non so voi, ma io di tutto ho paura nella vita tranne che di essere clonata. Secondo Maddy è pieno il mondo di gente che vive acquattata nell'ombra in attesa di sgippare una sua scaglia di forfora: esisterebbe proprio un mercato nero di calli della Ciccone. Cioè, secondo voi ci sono delinquenti che s'incontrano nei bassifondi di New York e si dicono sottovoce: "Ehi Jack... ho un brufolo di Bruce Springsteen", "Be', io ho di meglio... un'emorroide di Tina Turner, varrà almeno cinquemila dollari"?!

Ciccona? A sto punto stai molto attenta anche allo scarico del cesso... no, perché se qualcuno lo devia, raccoglie il tuo fatturato e poi clona una Madonna bis dalla cacca... Ma ti pare? Quando mai un'Orietta Berti, una Carrà hanno sdavanato così? Ma diventando rockstar, bisogna per forza perdere la brocca? Mi sa che è perché devono far parlare di sé e per farlo devono rompere le balle. E allora mi chiedo: perché Brunetta non fa la rockstar?

Il bradipo tridattilo

Com'è andata l'estate? Io sono già color Sallusti. Sembra che mi abbiano corroso le meduse. Un'amanita muscaria. Manco falloide, che dal nome potrebbe promettere qualcosa di buono. No no, muscaria, quella velenosa e coperta di pallini. Diciamo che la secchiata in testa ha contribuito. Ma scommetto cento euro che mi riprendo. E voi? Siete in forma ma non sapete dire quale? Psicologicamente un po' giù... un po' sul viale del Tremonti? Dài. Pensiamo che almeno quest'anno l'estate non sta finendo come cantavano i Righeira, perché non è nemmeno iniziata. E purtroppo ricomincia il lavoro e sentiamo già il bosone incombere sulle particelle.

Io vorrei vivere come il bradipo tridattilo. Ho letto di lui e ora è diventato il mio punto di riferimento. Torino Spiritualità dovrebbe invitare anche lui a tenere un workshop. Questa fantastica bestiola vive sugli alberi. Anzi, più che vivere, sta. Lui è il vero bugianen. Sta lì, fermo, mangia foglie, masticando lentamente così non gli viene la gastrite, e monitora quel che succede intorno. Un portinaio sospeso per aria. L'unica sua attività è scendere dall'albero ogni tre settimane. Per fare che? La cacca. Pensa: ogni ventun giorni fa sto sforzo inumano, cala giù e rilascia il suo souvenir. Preciso come un orologio svizzero, senza bisogno di bifidus.

E come mai fa la cacca così di rado e per farla scende

dall'albero? Perché brady è un bradipo e quindi ha pochissima energia. In confronto a lui la lumaca è un frecciarossa. Lui non ce la fa proprio a darsi un andi, è più forte di lui: a scendere ancora la sfanga, ma a risalire consuma l'energia bradipa di una Stratorino. E non basta: ogni volta che scende, rischia la vita, e molto spesso la perde perché arrivano i predatori e lo accoppano. E tra l'altro ci mettono un attimo. Eh, certo. Non è che il bradipo scappa, o reagisce in qualche modo, se no non sarebbe bradipo. Lui guarda il predatore, alza la zampa e dice: "Ehi, cosa stai... facen...". Fine. È già sciupà.

Ma pensa che vita di cacca, appunto. Va in bagno ogni tre settimane e una volta su due ci resta. E allora perché non spara giù la cacca dall'albero, che non è chic ma almeno è salvavita? Ce lo dice il professor Pauli, biologo del Wisconsin, che un bel giorno ha trovato la sua vocazione nella vita e si è dedicato completamente a studiare lo sterco dei bradipi. Pensa la gente a volte com'è strana. Gli piaceva fare quello. Inutile stare a sindacare. E studia che ti ristudia, ha scoperto che esistono degli insetti che si nutrono della cacca di bradipo e vivono sulla sua pelliccia. Ma non sono inquilini morosi, perché gli restituiscono sostanze preziose che lui con la sua dieta vegetarianissima non potrebbe avere. Quindi, in pratica, il bradipo scende per fare un favore agli insetti, che a sua volta fanno un favore a lui. Pensa che *do ut des*. Che bel modello di solidarietà.

Troppo sbattimento? Ho capito. Forse la soluzione perfetta sarebbe rinascere sì bradipo. Ma stitico.

Le donne vescovo

Stavolta è andata per il verso giusto. Pare che la Chiesa anglicana abbia finalmente votato a favore delle donne vescovo. C'è una cosa che non mi è chiara: nella Chiesa inglese un terzo dei sacerdoti sono donne. Forse si fidavano di noi ma solo fino a un certo punto. Pretesse sì, ma vescove no. Comunque, sono già molto più avanti di noi cattolici, che ancora stiamo a discutere se le donne possono diventare sacerdoti o no. Noi possiamo fare perpetuamente le perpetue. E bon. Tra l'altro, fonti autorevoli mi dicono che non esiste nessun passo del Vangelo o della Bibbia che dica che soltanto i maschi possono diventare preti, e quindi non capisco perché no.

Noi donne saremmo delle ottime pretesse. Per un mare di motivi. Volete l'elenco? Ecco qua.

Innanzitutto le prediche come le facciamo noi non le fa nessuno. Anche senza pulpito e microfono, io sono in grado di fare ai miei figli delle prediche che durano delle mezz'ore, e improvvisando, senza una riga scritta.

Poi, noi siamo più capaci di perdonare. Avendo sempre tante occasioni, abbiamo affinato questa capacità. Una donna sposata perdona in un mese più di tutti i santi del calendario.

Se dovessimo uccidere il vitello grasso, sapremmo come

rosolarlo al punto giusto; e se ne avanza un pezzo lo mettiamo in freezer, così la prossima volta che torna un figlio pentito ce l'abbiamo già pronto.

Oggettivamente, con l'abito lungo stiamo meglio, e vestite da vescovo saremmo uno spettacolo. Anche tutti quegli anelli, gingilli, scarpette rosse, pantofole di Prada, camauri ed ermellini ci conferirebbero uno charme che Bertone se lo sognava. E per il rosso Valentino abbiamo una venerazione.

Saremmo perfette nel confessionale. A noi piace davvero farci i fatti altrui, mica come tanti confessori che ti fanno due domandine svogliate e via. Con noi le confessioni durerebbero delle ore: dateci un bollitore, due tazze, una bustina di tè e un etto di paste di meliga e potremmo confessare per interi pomeriggi.

Le chiese le terremmo linde e incerate come il salotto di casa nostra, e inoltre sapremmo il segreto per togliere le macchie di cera dai vestiti.

Le nostre chiese sarebbero sempre aperte. Chiunque potrebbe entrarci dentro. Anche con i pantaloni corti, la canottina e il décolleté. Basta che entri. Non è da questi particolari che si giudica un peccatore.

Ultima cosa, però importante, il celibato. Io mi auguro che prima o poi lo tolgano, sto mattone che causa tanti guai, ma intanto con le donne sarebbe più facile: pensate a quante restano zitelle senza fare un plissé, e del sesso se ne fregano. Invece di tenerle a casa, fatene dei grandi sacerdoti.

Beckham e Ibra: due cuori e una capanna

Andiamo avanti. Parliamo di Beckham. Il grande cuccumerlo. L'uomo che non ha bisogno di appoggiarsi al bastone da passeggio, basta che si sbilanci in avanti. Il maschio dominante con un walter delle dimensioni di Veltroni. Pensa che Sky gli ha chiesto se poteva usarlo da ripetitore. Allora: Beckham e Victoria si sono comperati una casa a Londra. E sai quanto l'hanno pagata? Quaranta milioni di sterline. Si vede che la Spice girl aveva bisogno di più *spas*.

E la cosa bella è che si sono comprati sta casa a quaranta milioni di sterline e poi ne hanno spesi cinque di ristrutturazione. Ma come di ristrutturazione? Scusa, se ti compri un bilocale col mutuo magari ti resta il bagno da ristrutturare, col sifone del water che spurga; se ti compri una stamberga su per i bricchi poi certo che chiami i rumeni a rimetterla in sesto, ma in una casa a quaranta milioni di sterline ci deve già essere dentro un frigo stuccato di caviale, e l'umido già diviso dall'indifferenziato. Le maniglie delle porte devono essere le maniglie dell'amore di Naomi Campbell...

E poi, cinque milioni? Ma con cosa tappezzano i muri? Col pelo di astrakan? Invece dello zerbino cosa mettono davanti alla porta, uno sceicco coricato per terra con la barba rasata con scritto "Salve"? Nella casa c'è anche l'edicola coi giornali e glieli legge direttamente Fiorello?

Pensa che dentro c'è un salone solo per le scarpe di lei.

E poi voi maschi dite tanto a noi che abbiamo la scarpiera dell'Ikea... Victoria ha una scarpiera grossa come il Molise. La cosa strana è che ha fatto mettere un televisore al plasma per ogni bagno, però impermeabile. Eh, certo. Ma ha ragione. Metti che David stia facendo pipì mentre guarda la partita in tv. Victoria lo chiama: "David!", e lui: "Dimmi, amore!". *Frrrrrrttttt!* è un attimo pisciare sul televisore avendo David un arnese che è come un impianto d'irrigazione automatico... se si gira in un bagno stretto spacca la specchiera.

Non è da meno Ibrahimovic, in affitto a Parigi.

All'inizio non c'era una casa che gli andasse a genio, povero Ibra. Sai com'è Parigi, si trovano solo sistemazioni molto modeste... tolto il Louvre, che stanze ne ha tante ma è anche tanto pieno di quadri, e la Tour Eiffel, che come panorama è stupendo ma sei esposto ai quattro venti, non è che... Prima è stato un po' in un albergo mille stelle, poi si è trasferito dove abitano Sarkozy e la Carlà, ma gli faceva schifissimo forse perché dalle pareti sottili sentiva Carlà cantare...

Poi finalmente l'ha trovata. E sai dove? A Versailles. Però non proprio nel palazzo del Re Sole. È vero che guadagna quattordici milioni l'anno, ma non sarebbero bastati nemmeno per il riscaldamento. Re Ibra si è accontentato di una villa nel parco con tre ingressi, grossa cucina, quattro camere e un bagno solo, però enorme. Così mentre sta seduto sul water può anche allenarsi palleggiando contro il bidè. Tutto questo alla modica cifra di quarantamila euro al mese.

Avete sentito bene? Quarantamila euro al mese con un bagno solo. Che sarà enorme finché vuoi, confinerà con l'Alsazia... ma quando lo usi per attività che propagano odore non hai vie di scampo. Ti pare che Zlatan debba aspettare che il figlio finisca di fare la cacca per farsi la doccia?

A questo punto faccio un appello: che se lo ricompri la Juve, così gli affitto la mia, di casa. Che di bagni ne ha due. Gliela do per sessantamila euro al mese. Se ci pensi, conviene: con solo ventimila euro in più hai un'ampia scelta per dove appoggiare il derrière.

Una puzzetta vi salverà

Io avrei voluto volare alto. Parlare di ermeneutica, del dolce stil novo, del senso di infinito che vige nella poesia del Leopardi, ma purtroppo il mio ruolo non me lo permette. Io sono la sentina dove si annida il peggio, e di quello devo parlare. E quindi spostiamoci in America. E precisamente nel Wisconsin, dove un gruppo di ricercatori diretti dal professor Isaak Steinberg, famoso biologo molecolare, ha fatto una scoperta che cambierà il corso della storia.

Hanno trovato che chi più emette, emana, chi, diciamo, arieggia frequentemente, chi scatena vento personale, chi più suona la fanfara, chi più spetarda è più intelligente. Che i più intelligenti sono quelli che spuzzettano più spesso. Praticamente più soffri di meteorismo più hai attività cerebrale. D'ora in avanti, se in ascensore il vostro prof dell'università rilascia tracce di sé, invece di fulminarlo con lo sguardo dovrete inchinarvi e gridare: "Maestro, cosa ha pensato di così meraviglioso?".

D'altronde è pur sempre una roba naturale. È aria che fuoriesce. Abbiamo buchi ovunque, non capisco perché quando esce dal naso va tutto bene, e lo starnuto è accettato, e quando esce dall'uscita di sicurezza è sacrilegio. In ospedale quando ti operano è la prima cosa che ti chiedono: "Ha fatto aria? Sì? Bene". D'ora in avanti il primario ti dirà: "Ha fatto aria? Sì? Complimenti, lei è un genio".

Comunque tornando a bomba. Appunto. Il "petardo" è proprio una caratteristica di chi ha un punteggio alto del quoziente di intelligenza... e non a caso in inglese punteggio si dice "score". Io non ho capito bene cosa venga prima. Se la dinamo cerebrale parte dallo sparo posteriore, tipo che funziona come il motore a scoppio che *pem!* scocca la scintilla e poi parte l'ingranaggio; o se al contrario la turbina mentale muove talmente gli ingranaggi che sollecita il tubo di scappamento.

La verità è che pare che parta tutto dall'alto. Perché l'attività forsennata del cervello produce una proteina che stimola i capillari dell'intestino, e da lì alla Marcia di Radetzky è un attimo.

Quindi, se tanto mi dà tanto, pensa Rubbia che rimbombi! Altro che il Big Bang. E Zichichi? Beirut. Scoppietterà come un caminetto. No, ma Eco! Un nome una garanzia. Guarda che Umberto è intelligentissimo, avrà un'attività cerebrale che sui pullman non può mica salire! Neanche in taxi, deve andare in bici. E oltretutto quando va in bicicletta sembra che vada in motorino. *Pra ta ta ta ta*. A me questi misteri affascinano.

E guarda che le conferme sono tante e forti! Pensa solo a Pinocchio. Un pupazzo di legno che diventa uomo. E chi è stato il genio che ha potuto inventare una cosa simile? Geppetto! Se è vera questa teoria, pensate, non so, Leonardo da Vinci, che sifone di pernacchie doveva essere. Pensate ai geni del passato. Archimede... noi l'abbiamo sempre chiamato Pitagorico, ma potrebbe in origine essersi chiamato Petagorico, va' a sapere. Anche nella musica, scusate! Noi in Italia diciamo Ludwig Van Beethoven, ma la pronuncia esatta è Peethoven! Per contro c'è da dire che Scilipoti... niente. Mai. Sigillato. A tenuta stagna. Persino sua mamma quando era piccolino era stupita. "Domenico non... Anche ieri che lo abbiamo caricato a fagioli... nisba." Provavano anche a premerlo qualche volta, come si fa coi bambolotti. Niente. Solo se lo capovolgevi, faceva *mu*. Come quei cubetti con la mucca disegnata sopra.

Questa notizia tra l'altro mi ha aperto nuovi orizzonti. Ho scoperto una cosa sensazionale: mio figlio è Einstein. Non è intelligente. È uno dei più grandi geni del mondo occidentale.

L.A.C.: limonare al chiuso

La Marcuzzi, udite udite, ha finalmente e definitivamente trovato la sua naturale regolarità. Ci sono voluti anni, ma il suo intestino ora è a posto. E funziona come un orologio svizzero. Puntuale come Brunetta che tutti i giorni rilascia una dichiarazione... L'intestino di Alessia rilascia altro. Ma purtroppo, spiace dirlo, una nuova diva è caduta nel gorgo della stitichezza. Adesso la purganda è Shakira, chi deve ritrovare la sua normale regolarità è lei.

Pensa che mai avrei detto che Shakira avesse bisogno di un aiutino per andare in bagno! Da come si scrolla quando balla diresti che scenda subito tutto verso lo sportellone lanciasiluri... che vada giù tutto per forza... come quando insacchi le salsicce. E invece no. Shakira è bloccata come un telefono di cui non ti ricordi il PIN. Serrata come le mascelle del mastino. Chiusa come una gelateria a novembre. Vero che fa strano? Non ha la fisiognomica dell'avara di peristalsi.

Lo spot è bellissimo: si vede Shakira che mangia il bifidus e lo vedi che le scende nella pancia come una stellina luminosa... *tin tin tin*... tipo Trilly Campanellino in Peter Pan... e dopo c'è lei, Shakira, moltiplicata per tre o quattro, che dorme in un bosco secolare e viene svegliata, almeno io la interpreto così, da una voglia pazza di andare al cesso.

Sai quando proprio dici: o trovo un bar subito o mi nascondo dietro la macchina e vada come deve andare? Come la va la va. Ecco. La fortuna è che lei è nel bosco, e di spazio ne ha, tanti larici dietro cui può lasciarsi andare e quindi è felice come una pasqua e balla.

Sono contenta per la Marcuzzi. Che tra l'altro è stata fotografata con, pare, la sua nuova fiamma. Ma non fanno nulla. Sembra che stiano aspettando l'ascensore... magari è un tecnico che controlla l'impianto. È strano che lo faccia alle tre di notte, ma comunque... Se fosse veramente la sua nuova fiamma, voglio dire una cosa ad Ale. Ale, per l'amor del cielo, ricorda: L.A.C. Elle a ci. Limona al chiuso. Limonare al chiuso. Lemon closed. Se tieni alla privacy, non andare come l'altra volta con Facchinetti a baciarti a Ferragosto nell'area picnic del parco del Gran Paradiso, perché sono zone frequentate. Cortesemente. Che lì ti vedono e poi ti lamenti se Signorini ti fotografa. Anche tu, Alfonso. Alphonsine. Tu che sei lucido di testa, di fuori e di dentro, tu che hai fatto delle minchiate degli altri la tua ragione di sostentamento, che vivi di tette rifatte e ciupismi clandestini, lascia per una volta in pace la Marcu... te lo chiedo col cuore, che tu lo so che ce l'hai, e piuttosto prendi me. Stanami mentre amoreggio con Mercalli o Pagnoncelli, ma lascia stare Alessia, che se no non ne troverà mai uno che vada bene. Fa' che questa sia la volta buona. Ok?

La Formula Uno ecologica

Dramma a Melbourne. La Formula Uno ha perso il rumore. Non ruggisce più. Perché per limitare il consumo di benzina hanno ridotto la cilindrata e messo un turbocompressore, così le macchine viaggiano praticamente in silenzio. Adesso fanno solo *prtt*... Prima facevano *prooot*... Adesso fanno il rumore di quando stappi una lattina di Coca, *pssst*. Ora parte una Ferrari e guardi se il cane ha fatto una puzzetta. Pensi ti sia partita la pence al tailleur. Sai che ci sono dei piloti che mettono la cartolina nei raggi delle ruote come si faceva con le bici da piccoli? Alonso fa *broom broom* con la bocca!

I tifosi son tutti alla canna del gas di scappamento. Perché una Formula Uno che non spetazza non è più Formula Uno. È come un concerto dei Metallica fatto col flauto dolce, o come vedere la Marcuzzi con le gambe dritte. Non può esistere. (Lei è fantastica. Io la stimo. Perché se ne frega. Le piacciono le minigonne? Se le mette. È un modello per tutte le ragazze che si fanno mille fisime... Fate come lei e fregatevene. Avete il girovita di Platinette e volete mettervi la maglietta con l'ombelico di fuori? Libera panza che libera danza? Fatelo. Quello che vi manca in forme mettetelo in coraggio, fregatevene.)

Ma la vogliamo finire con sta moda del politicamente corretto? Come fai a fare la Formula Uno ecologica? Ma la Formula Uno è la Formula Uno. Le macchine devono consumare come maiali nel trogolo, non devono sgasare, devono ruttare... una macchina da corsa dev'essere un inno alla boria! Quando accelera ti deve far cadere i maroni come le olive quando scuoti la pianta!

Così invece è uno spettacolo svenevole, finirà che i piloti invece della tuta passeranno presto al tutù.

La Formula Uno ecologica non ha senso. È come dire: voglio un lardo di colonnata senza grasso, una pornostar che faccia anche la catechista. Voglio Ibrahimovich, sì, ma col naso di Biancaneve... A questo punto, per non sprecare l'acqua i mondiali di nuoto facciamoli in una piscina vuota coi nuotatori che strisciano sul fondo come le lumache. E facciamo che la boxe diventi uno sport solo verbale: non si picchiano ma si offendono. "Lei è un pirla!", "Pirla lo dici a tua sorella", "Ma sparati, culone", "Culone sarai tu...". Anche lì, però, senza esagerare, perché se ti parte un "faccia di merda" sei squalificato.

Insomma, è una presa in giro, come quando mandano la pubblicità durante i tg.

Avete presente la simpatica gag dei tg delle reti commerciali? Il giornalista dice: "E adesso ci lasciamo per un po' di pubblicità, ci rivediamo tra pochissimo per le ultime notizie". Poi tornano dopo la pubblicità e dicono: "Bene, non ci sono altre notizie, per oggi è tutto, grazie e arrivederci".

Ma come, grazie e arrivederci? Oh? Mezzi bell'imbusti? Io sono rimasta lì ad aspettare per cinque minuti... cinque minuti del mio tempo, in cui avrei potuto mettere su il minestrone, sverminare il cane o coltivare le ortensie (che ho scoperto che si fumano come la cannabis, e se lo viene a sapere Giovanardi diserba la Reggia di Caserta col napalm), e invece mi sono beccata assorbenti che volano, adesivi per dentiere e la figlia che dice alla mamma: "Mi prude, prude anche a te?", "Sì, anche a me, tantissimo". E poi voi mi dite che non è successa una mazza?! Ma dite subito: "Bon, il tg è finito, grazie e arrivederci". Non fate finta che dopo la pubblicità succederà qualcosa.

Questa è una truffa. Tra l'altro cosa volete che succeda in

tre minuti? Che scoppi la terza guerra mondiale? Uno sbarco di extraterrestri a Pinerolo? Che il papa si butti col parapendio dal Vaticano e Giovanni Rana finisca per sbaglio nell'impasto dei tortellini? Io aspetto se ne vale la pena, altrimenti facciamo che tu giornalista hai l'obbligo di raccontarmi i fatti tuoi... dimmi qualcosa a scelta. Tipo: "La moglie di mio cugino gli fa le corna con un cassiere dell'Auchan, mi sa che mia figlia la rimandano in fisica e inglese, ieri stavo passando con la bici in corso Tortona e mi è caduta la catena". E bon.

Dottor Meloy

Ci tocca spostarci di nuovo in America. E parlare di tale dottor Stuart Meloy, prestigioso chirurgo specializzato in interventi alla schiena.

Qualche tempo fa sto Meloy ha operato una signora impiantandole degli elettrodi nella spina dorsale. Solo che appena finita l'operazione e stimolata la spina, la signora è diventata felice. Poi euforica, poi beata, poi ha fatto un ululato di gioia e poi si è super rilassata, mancava solo che si accendesse una sigaretta. La spina dorsale però non c'entrava niente. Il benessere, diciamo, lo sentiva da un'altra parte. Volete che ve lo dica, dove, o ci arrivate da soli? E così ha chiesto al medico: "Ma sa, dottore... che sta stimolazione mi è piaciuta tantissimo? Può mica spiegare a mio marito come ha fatto?".

Infatti la signora da quattro anni non conosceva più il bene dell'orgasmo, e invece grazie agli elettrodi ne ha avuti una smitragliata. Una serie, una cartuccera, una sfilza di colpi come i fuochi artificiali a Sant'Eulalia. Tre brevi uno lungo tre brevi uno lungo, come nell'alfabeto Morse. Così il Meloy, che non è scemo, ha pensato: "Perché mi occupo di spine, se posso far fiorire le rose? Occupiamoci come si deve della jolanda".

E così ha messo a punto questo apparecchietto, che costa tredicimila euro, è grande più o meno come un pacemaker e te lo puoi infilare sotto pelle, con dei cavi collegati a una batteria. Praticamente due elettrodi che, se non funzionano, li può usare tuo marito per saldare la ringhiera...

La cosa brutta è che ci vogliono due interventi per infilarli, sti benedetti elettrodi. Ma posso dire? A me sembra che, infilare per infilare, il metodo tradizionale sia meno invasivo. Anche perché poi come lo attivi, con un pulsante? E dove lo impiantano questo pulsante? Per logica dovrebbe essere nei paraggi. Almeno non rischi. Sai, metti che lo posizionino su una spalla. Arriva l'amico che ti saluta: "Ciaooo"... *pat pat*... e alé che parte la rumba. Anche sulla fronte... basta dare una capocciata o anche solo dire: "Oh, che sbadata", e via con la pachanga. Invece no. Pare che tutto si azioni con un telecomando.

Non so se quello della tele, magari con un tasto apposta con sopra la lettera "O". Ma anche lì, devi fare attenzione a non confonderti, perché altrimenti è un attimo procurarsi letizia mentre si vorrebbe solo cambiare canale o alzare il volume. Metti che tuo figlio scambi telecomando... tu in cucina fai la maionese con le pere cotte. Però, pensate quanti problemi ci eviteremmo così noi donne... quando ti punge vaghezza, *pot!* schiacci il bottone. Off e on. Io lo trovo anche un bel modo di passare il tempo. Sei lì in sala d'aspetto dal dottore della mutua, approfitti... "ahhh...", fermata del treno... "ahhh...", in coda alla Posta... "numero cinquantasette!" "ahhh vengo!!!".

Risolveremmo anche tutti i problemi di relazione con gli uomini. Ci eviteremmo i preliminari, anche quei tre-quattro minuti alle volte... e la vecchia domanda: "Ti è piaciuto?", a cui spesso viene da rispondere: "Ah, perché avevi cominciato?".

Adesso però il dottor Meloy si è stupito moltissimo di non essere riuscito a trovare abbastanza donne disposte a fare da cavie per testare l'apparecchio. Pare che abbia detto: "Pensavo che avrebbero sfondato le porte del mio studio per partecipare". Certo. Perché noi siamo cretine, tutte lì a spintonarci per farci inserire cavi, batterie nella schiena, e già che ci siamo anche le luci del presepio. Non siamo capaci, volendo, di procurarci piacere in altro modo...

Ti volevo dire, Meloy, che, se non hai un maschio in carne e ossa, gli stessi risultati si ottengono con un altro apparecchio che costa poco e non richiede interventi chirurgici. È semplice, discreto, maneggevole e ha un nome che ricorda vagamente Briatore. Però inizia per "Vi". Ecco perché non hai la fila davanti allo studio, dottor Meloy. Pirla.

«L'incredibile Urka»
di Luciana Littizzetto
Oscar
Mondadori Libri

Questo volume è stato stampato
presso ELCOGRAF S.p.A.
Stabilimento - Cles (TN)
Stampato in Italia. Printed in Italy